令和6年度教科書改訂対応版

光村新教材＋詩教材の時短授業実現

「物語＋詩」を深く読む 新国語ワークシート

保坂雅幸 著

増補新版

学芸みらい社
GAKUGEI MIRAISHA

◎増補新版刊行にあたって

本書は二〇二一年に出版された『光村教科書の時短授業が実現！物語を楽しく深く読む！新国語ワークシート27―読解技法による文学の授業＝全学年・全単元収録―』の改訂本である。ありがたいことに版を重ね、四版になるタイミングで改訂版を作成することになった。令和六年から新たに入った文学的教材と新たに詩の教材をワークシート化した。

セミナーなどでワークシートについて話をさせていただく機会も増えた。「毎日の授業で使っています」「教材研究の時間が減りました」「子どもが自分の意見を書けるようになりました」など、うれしい話をたくさんいただいた。一方で次のような話もあった。

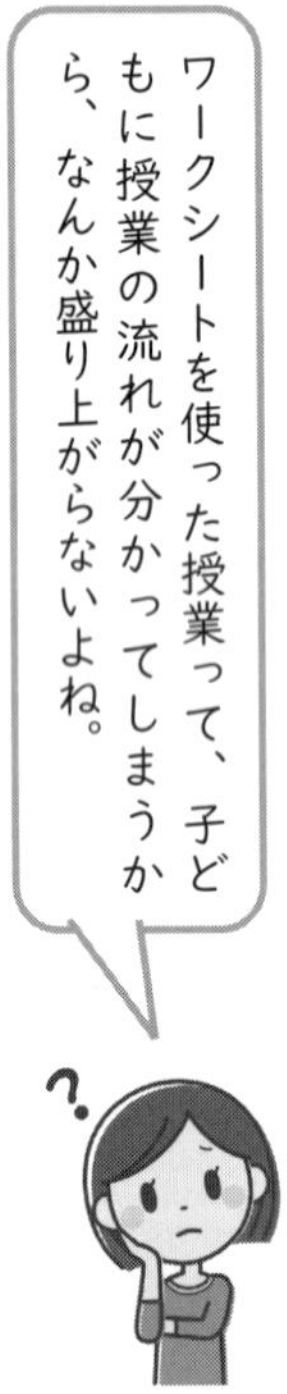
ワークシートを使った授業って、子どもに授業の流れが分かってしまうから、なんか盛り上がらないよね。

ワークシートを使うと授業が盛り上がりにくい

この意見、私もよく分かる。ワークシートの最大の弱点は、子どもに授業の流れがすべて見えてしまうことである。「結末の分かっている映画を見せられているようなもの」だと私は考えている。授業のワクワク感が薄れるのだ。そこで、こんな話をしている。

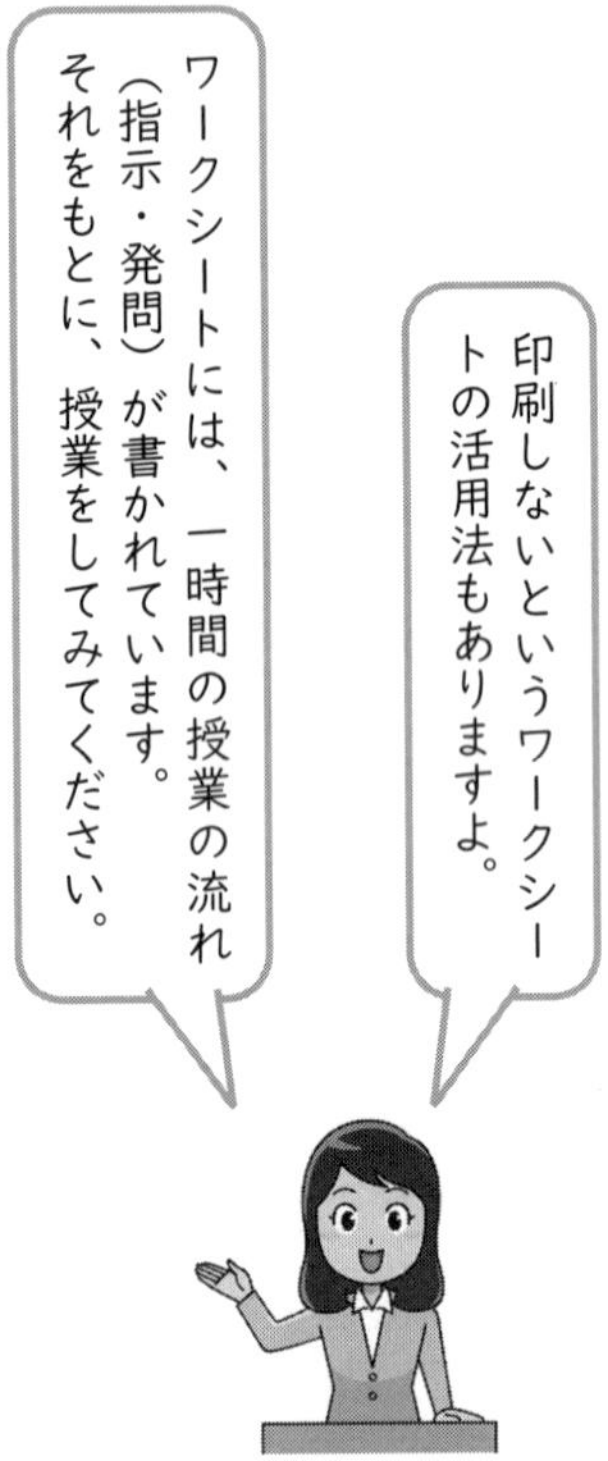
印刷しないというワークシートの活用法もありますよ。
ワークシートには、一時間の授業の流れ（指示・発問）が書かれています。それをもとに、授業をしてみてください。

印刷しないというワークシートの活用法もある

ワークシートの優れている点は、一時間の授業の流れが可視化できることである。よって、授業の際に、ワークシートの設問の流れで、普通に授業を行う。ＩＣＴを活用してもよいだろう。一方、「場面ごとに登場人物の行動を表にまとめる」などといった学習は、シートを印刷して配布したほうが学習は進めやすい。例文が示してあるシートも同様だ。

印刷して使うシート→表にまとめるシート
**　　　　　　　　　例文が書かれているシート**
手元において使うシート→指示発問で構成されているシート

本書の出版に関して、今回も学芸みらい社の樋口雅子氏には大変お世話になった。出版に携われることは、教師として大きな喜びである。その機会を与え続けていただいていることに、この場を借りて心から感謝申し上げる。ありがとうございました。

本書を手に取っていただき、本当にありがとうございます。日々の授業のお役に立てば幸いです。

令和六年九月

保坂雅幸

令和６年度から入った教材のルーブリックビンゴと、学習振り返りゲームです。ご活用ください。

●刊行に寄せて

この本に出会えたあなたは本当に幸せだ

村野聡CHANNEL主宰　元小学校教諭　教材開発士

村野　聡

一

保坂雅幸氏の初の単著『物語を楽しく深く読む！新国語ワークシート27』がすごいことになっている。

本書のサブタイトルには「読解技法」という言葉がつけられている。

この言葉こそ本書最大の特徴を表している。

「読解技法」とは何か。

それは物語の「深い読解（解釈）」を実現する新しい指導法のことである。

読解には深い解釈と浅い解釈とがある。

では、深い読解と浅い読解とでは何が違うのだろうか。

それは、

> **読解技法**

による違いだと考えている。

読解技法とは、物語を読むための技術である。

読解技法を使って読解すれば深い読解になるのである。

例えば「対比」「イメージ」という読解技法がある。

読解技法としての「対比」は、物語に登場する重要な二つの概念を比較して読解させる技術である。

こう書くと少し難しく聞こえるかもしれないが、例えば、6年生の難教材「やまなし」（宮沢賢治）で説明していく。

「やまなし」は、作品全体が「五月」⇔「十二月」と対比された構造になっている。

その月の中で五月に川に飛び込んでくる「かわせみ」と十二月に川に落ちてくる「やまなし」は明らかに対比されて描かれている。

作者が意図的にこのような対比を組み込んでいるのである。

この二つの対比が何を表しているのかを考えさせるのが「イメージ」による読解技法である。

「かわせみ⇕やまなし」の対比からイメージを考えていくと「死⇕生」が解釈される。お魚の「死」をもたらしたかわせみに対して、やまなしはかにの親子にお酒として「生」をもたらすからである。

よって「やまなし」という物語は「生死」を主題としているのではないかという解釈にたどり着くのである。

このように、読解技法を使って読み取ることで、物語の対比構造を見抜き、イメージを通して深い解釈が実現する。

読解のための観点を与えることで、本文を何度も読み返しながら、これまで見えなかったものが見えてくるようになるというわけだ。

読解技法を使わなければ決して達成できない解釈を子供たちが生み出すのである。

こうした「読解技法」を使って解釈した読みを「深い読み」という。

読解技法を使わない読み取りは、自分の今もっている力だけで読み進めるために「浅い読解」になってしまいがちだ。

教材文をじっくり読まずともできてしまうような解釈しか生まれない読解だ。

「この時の主人公の気持ちはどんなでしょうか。」

「嬉しかったと思います。」

「悲しかったのだと思います。」

こんな表面的な解釈（？）しか生み出せない「浅い読解」指導が蔓延している。

もちろん、技術を使って物語を読むという行為にアレルギーを感じる人が一定数いることは承知している。

しかしながら、結果的には、読解技法を使った読み取りの方がそうでない読み取りに比べて圧倒的に深い読解になってしまうのである。

それは子供が書いた文章を見れば明らかだ。

大人顔負けの深い解釈が記されているのである。

しかも、読解技法を使って物語を読み取ると、読みの観点が明確になるため、自分が解釈した内容を自分で説明できるようになる。

これができているということは、子供が論理的思考力を発動したことの証明となる。

ご承知のとおり、先々が不透明なこの現代においては、現代の課題、未知の問題を解決していくための論理的思考力が求められている。

物語教材を読解技法で読み取らせることで論理的思考力も育てることができるのである。

二

さて、前置きが長くなったが、保坂雅幸氏の初の単著『物語を楽しく深く読む！新国語ワークシート27』がすごいことになっている。

それは、

「読解技法」を使って「深い解釈」と「論理的思考力」を生み出すワークシート集

を実現しているからだ。

驚いた。

実は、保坂氏のこのワークシート集は教室での事実に基づき提案されている。

このワークシートを使った授業の結果、子供たちの深い解釈が論理的に記されたノートを私は何度も拝見させていただいた。

こうして子供の事実を生み出す背景には、一度教えた読解技法は次の物語を読解する際に、生かされるということにも関係している。

その物語だけに通用する単発読解とは違い、着実に積み上げ型の授業に変わっていく。

本書は光村図書すべての物語教材を扱っていることから、

年間を通して確かな系統をもって積み上げ指導を展開していくことができる

のである。

だから、保坂学級の子供たちは読解技法を修得し、深い解釈を実現しているのである。

また、本書は、

「主体的・対話的な深い学び」に完全対応

している。

本ワークシート集には「読解技法」を使った解釈をワークシートに書かせる作業が多く設定されている。

読解技法を使いながら、一人一人が自分の経験に即して物語の解釈を進めていく。

まさに個別最適の学びとなる。

その後、対話的な学びを生み出すために、ワークシートに書かせた解釈を発表させ、話し合い活動に向かわせるように組み立てられている。

「浅い解釈」学習によくある「物語の好きなところの共有」などというわざとらしい対話設定ではなく、子供たちの論理的思考によって生まれた解釈による協働的な学びはさらにお互いの解釈を深め、論理的思考力も高めていくに違いない。

このように本ワークシートでは個別最適な学びと協働的な学びを無理なく進めることができ、結果として「主体的・対話的で深い学び」の実現へと向かっていく。

さらに、本書は、

感染症時代における必要要件が満たされている教材

である。

学校の臨時休校によって教育界の様々な課題が露呈した。

特に学校ＩＣＴ環境の大きな遅れに多くの国民が気付くこととなった。

それに伴い、ＧＩＧＡスクール構想が前倒しされ、急激に学校のＩＣＴ化が進みだした。

本ワークシート集がＧＩＧＡスクール構想とタイアップすることによって、様々な課題を抱えていて登校できない児童にも物語の授業提供を実現することだろう。

さらに、時短で深い解釈を実現できるワークシート集であることから、今後不測の事態により授業時間数の確保が困難になった場合においても威力を発揮することになろう。

それにしても画期的な物語新読解ワークシートが登場したものだ。

これで光村図書の物語指導について一年間、悩むことがなくなるのだからありがたい。

他社の教科書を採用している地域にお勧めの先生には羨ましい話である。

ぜひ、本書をフル活用して子供たちのより深い読解を実現し、論理的思考力を身につけさせてほしいと願う。

この本に出会えたあなたは本当に幸せだ。

はじめに

本書は国語科物語文の読解をするためのワークシート集である。特徴は次の三点だ。

(一) 光村図書の教科書に掲載されている物語文を、すべてワークシート化した
(二) 各教材、三枚もしくは五枚のシートにまとめ、時短で授業ができるようにした
(三) 書く活動を多く取り入れ、思考した後、対話的な学習につなげるようにした

(一) について。

令和二年二月発行の光村図書の教科書に掲載されている物語文を、すべてワークシート化している。解答モデルに掲載されているページや何行目といった記述は、その教科書に準じている。シートを印刷すれば、すぐに授業ができるようになっている。

(二) について

以前(十数年前)は一つの物語文の読み取りで十時間など、多くの時間をかけて授業をしていることもあった。しかし、現在は少ない時間で効率よく読解の授業をすることが求められている。そこで、シート三枚、五枚という区切りの中で確実に力が付くように内容を厳選した。

(三) について

新学習指導要領の中で「対話的な学習」が求められている。本書には、話し合い活動(討論を含む)につなげる課題が多く掲載されている(例『お手紙』の主役はだれかなど)。話し合い活動を活発に行うためには、自分の考えをもつことが大切である。そのために、書く活動を多く取り入れ、例文も示した。書く活動から話し合い活動につなげていく構成になっている。

また、指導計画や設問に対する解答モデル(解答例)も示してあるので、授業の際に参考にしてほしい。

本書の解答モデル（解答例）は、私が所属するＴＯＳＳ立川教育サークルのメンバーが分担して執筆した。前述したように、話し合い活動につなげる課題が多く掲載されているため、解答モデルに書かれていることだけが正解ではない。授業の中で子供たちが様々な考えを出し、知的な授業が行われることを願っている。

本書の出版に対して、村野聡氏には多くのご助言をいただいた。氏には今回のワークシート集に限らず、これまで多くのご指導をいただいている。

また学芸みらい社の樋口雅子氏には大変お世話になった。ワークシートの構成、課題の設定の仕方、ページの割り振りなど、細部にわたり、ご助言、ご指導をいただいた。なにより、まったく無名の私に執筆の機会を与えていただいたことに、この場を借りて感謝申し上げる。

「いつか自分で執筆した本を出版したい」、長い間そう考えていた。「一つ一つ目の前のことに一生懸命取り組んでいけば、いつか願いはかなう」。今、心からそう思っている。

保坂雅幸

令和三年三月

目次

一年生

はなの　みち

おおきな　かぶ

おむすび　ころりん

やくそく

くじらぐも

三年生

三年とうげ

モチモチの木

四年生

白いぼうし

一つの花

ごんぎつね

友情のかべ新聞

スワンレイクのほとりで

五年生

銀色の裏地

たずねびと

大造じいさんとガン

六年生

詩ワーク

解答モデル（解答例）のつづき

詩ワークの解答モデル（解答例）

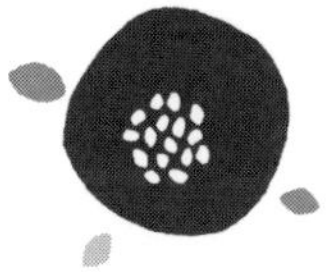

はなの　みち　三時間計画

分析の視点
登場人物

準備物
拡大した教科書の挿絵
絵本『はなのみち』

指導計画

第一時　範読・音読の工夫を考える（シート①）
第二時　話の内容をまとめる（シート②）
第三時　登場人物と季節の変化の検討（シート②）

各時間の指導略案（主な指示・発問・説明）

第一時

(1)シート①を配布する
(2)「『はなのみち』を音読します。一回読んだら○を一つ塗りなさい」
(3)・一人読み　・一斉読み　・交代読み　など、様々な方法で音読させます
(4)「『しまった〜』の文はどのように読んだらよいですか。（れい）のように書きなさい」
・まだひらがなの学習の途中なので、発表させた後、児童の考えを教師がまとめて黒板に書き、それを視写させてもよいです
(5)「音読の工夫をして、『はなのみち』を読みましょう」
・となりの子と交代で練習をさせます
(6)「発表しましょう」

第二時

(1)シート②を配布する
(2)「『はなのみち』はどんな話ですか。四角の中に言葉を書きなさい」
・拡大したシートを黒板に貼り、一緒に書いていきます
・すべての枠が書き終わったら、繰り返し音読をさせ、あらすじを理解させます

第三時

(1)シート③を配布する
(2)「絵を見て、出てきた動物を書きなさい」
(3)「話の中に出てきた動物を書きなさい」
(4)登場人物の定義を読ませ、くまさんとりすさんが登場人物であることを教えます
(5)「二枚の絵（冬と春のイラスト）を見て、違いを書きなさい」
・発表させてから、教師が書いたものを視写させてもよいです
(6)「季節は何から何に変わりましたか」

「解答モデル（解答例）」

シート①
(1)略
(2)種を落としてしまったと、困った感じで読む。

シート②
ふくろ　りすさん　ありません　あたたかい　はな

シート③
(1)くまさん　りすさん　すずめ　うさぎ
たぬき　かえる　かたつむり　きつね
ちょうちょ　おたまじゃくし
(2)くまさん　りすさん
(3)最初の絵は花が咲いていないけれど、後の絵では花が咲いている。
(4)冬　春

百文字限定　通知表所見例

(1)『はなのみち』で話に書かれている内容をまとめました。くまさんがふくろを拾ったことや、りすさんに聞きに行く途中で中身を落としてしまったことなど、教科書を読み、的確に答えていました。
(2)物語文を読み取る中で、季節の変化を考えました。『はなのみち』では、挿絵を見て花が咲いていたり、緑が増えたりしていたことから、冬から春に変わったと考えることができました。
(3)登場人物について考えました。『はなのみち』においては、挿絵を見て出てくる動物を挙げた後、話の中に出てくるのは「くまさん」と「りすさん」であることを発表しました。登場人物の定義もよく理解していました。

指導教材　☆プラスワン☆

岩崎書店より、絵本『はなのみち』（岡信子作　土田義晴絵）が出版されています。挿絵を書いた人が教科書と違うので、学習が終わった後に、絵本の読み聞かせをするとよいです。読んだ後に、絵本と教科書と違うところはどこか、絵本の絵を見て、どのように感じたかなどを発表させましょう。

また、岡信子さんの他の作品を紹介したり、読み聞かせをしたりして、本に対する関心を高めましょう。

はなの　みち①

なまえ《なまえ》（　　　　）

『はなの　みち』を　おんどく　しましょう。

(1)『はなの　みち』を　おんどく　しましょう。いっかい　よんだら　○を　ひとつ　ぬりましょう。

①②③④⑤⑥⑦⑧⑨⑩

(2)つぎの　ぶんは　どのように　よんだら　よいでしょうか。（れい）のように　かきましょう。

「おや、なにかな。いっぱい　はいって　いる。」

（れい）

なにが　はいって　いるんだろうと　ふしぎな　かんじで、よむ。

「しまった。あなが　あいて　いた。」

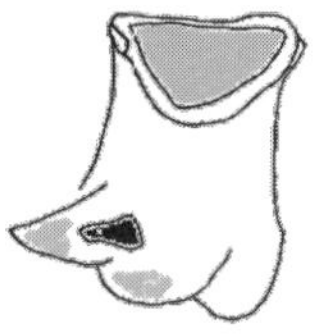

(3)(2)でかんがえた　よみかたで　よみましょう。となりの　ともだちと　こうたいで　れんしゅうしましょう。

◎『はなの　みち』を　おんどくする　ことが　できました。

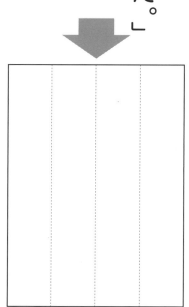

はなの　みち②

なまえ（　　　　）

どんな　おはなしなのか　かんがえましょう。

『はなの　みち』は　どんな　おはなしでしょうか。□に　ことばを　かきましょう。

くまさんが、□を　みつけました。

くまさんが、ともだちの　□に　ききに　いきました。

くまさんが、ふくろを　あけました。

なにも　□。

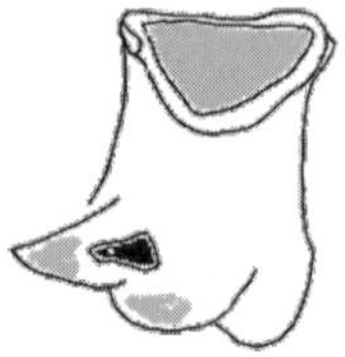

□かぜが　ふきはじめました。

ながい　ながい　□の　いっぽんみちが　できました。

はなの　みち③

なまえ（　　　　　　　　）

「とうじょうじんぶつ」と「きせつ」を　かんがえましょう。

(1)『はなの　みち』の　えを　みて　でてきた　どうぶつを　かきましょう。
うすい　もじは　なぞりましょう。

くまさん	りすさん	すずめ
うさぎ		

(2) おはなしの　なかに　でてきた　どうぶつを　かきましょう。

(3) にまいの　えを　みて　ちがいを　かきましょう。

(4) おはなしの　なかで　きせつは　なにから　なにに　なりましたか。

［　　　］から［　　　］になりました。

おはなしの　なかに　でて
くる　ひとや　どうぶつを
「とうじょうじんぶつ」
と　いいます。

◎「とうじょうじんぶつ」と「きせつ」を　かんがえる　ことが　できました。

ロシアのみんわ

おおきな　かぶ　五時間計画

分析の視点　登場人物

準備物　かぶ　おおきなかぶ（劇化する場合）

指導計画

第一時　範読・音読
第二時　「おもしろいな」と思うところを考える（シート①）
第三時　登場人物の検討（シート②）
第四時　役に分かれて音読練習（シート③）
第五時　音読発表会

各時間の指導略案（主な指示・発問・説明）

第二時

(1)シート①を配布する
(2)「『おおきなかぶ』を音読します。一回読んだら、○を一つ塗りなさい」
(3)・一人読み　・一斉読み　・交代読み　など、様々な方法で音読させます
(4)「『うんとこしょ、どっこいしょ。』は何回出てきますか」
(5)「『うんとこしょ、どっこいしょ。』はどのように読んだらよいですか」
(6)「（れい）のように、面白かったところを書きなさい」
(7)「発表しなさい」

第三時

(1)シート②を配布する
(2)「登場人物について考えます。薄い文字をなぞりなさい」
(3)「『おおきなかぶ』の登場人物を書きなさい」
(4)「かぶは登場人物でしょうか」
(5)「理由を書きなさい」
(6)「発表しなさい」

第四時

(1)シート③を配布する
(2)「役に分かれて音読します。どの役をやるのか、グループで話し合いなさい」
(3)「音読をするときに工夫することを書きなさい」
(4)「役に分かれて音読します。書かれていることができたら、○を付けなさい」
(5)いくつかのグループに発表させます

「解答モデル（解答例）」

シート①

(1)略
(2)6
(3)元気のよい声で読む。
(4)なかなか、かぶがぬけなかったところが、おもしろかったです。

シート②

(1)略
(2)おじいさん　おばあさん　まご
いぬ　ねこ　ねずみ
(3)○かぶは、とうじょうじんぶつではありません。
(4)かぶは、おはなしのなかで、はなしていないからです。

シート③

(1)略
(2)「うんとこしょ、どっこいしょ。」をげんきよく、よみます。
(3)略

百文字限定　通知表所見例

(1)『おおきなかぶ』で会話文の読み方を考えました。「『うんとこしょ、どっこいしょ。』は元気よく読んだ方が良い」と発表し、場面の様子を的確に想像することができました。
(2)物語における登場人物について学びました。「おおきなかぶのかぶは登場人物か」という課題に対し「かぶは話をしていないから、登場人物とは言えない」と考えることができました。
(3)『おおきなかぶ』で音読発表会をしました。おじいさんの役になり、口を大きく開けて読むことを目標に練習をしました。かけ声を徐々に大きくしたり、動きをつけたりと、様々工夫して読むことができました。

指導教材　☆プラスワン☆

音読発表会を劇のようにして発表させる場合、動きを付けるほかに、セリフを付け足すという活動ができます。「おじいさんは、おばあさんを呼ぶとき、どんなことを言うと思いますか」と発問します。「おおい、いっしょにかぶを抜いてくれ」「おばあさん、ちょっと手伝ってくれないか」などが児童から出されます。劇の中でそのようなセリフをいれるとさらに良いことを伝え、練習させます。

おおきな　かぶ①

なまえ（　　　　　　）

おんどくをして、「おもしろいな」とおもうことを かんがえましょう。

おんどくのしかた
- おいよみ
- こうたいよみ
- いっせいよみ
- ひとりよみ
- たけのこよみ

(1)『おおきなかぶ』を　おんどく　しましょう。
一かい　よんだら、○を一つ　ぬりましょう。

①②③④⑤⑥⑦⑧⑨⑩

(2)「うんとこしょ、どっこいしょ。」は、おはなしの なかに　なんかい　でてきますか。

（　　　）かい　でてきます。

(3)「うんとこしょ、どっこいしょ。」は、どのように よんだら　よいでしょうか。

（　　　　　　）

(4)『おおきなかぶ』をよんで、「おもしろいな」とおもったところを（れい）のように　かきましょう。

（れい）みんなで　ちからを　あわせて　かぶを　ぬいた　ところが おもしろかったです。

◎おんどくをして、「おもしろいな」とおもうことを　かんがえることが　できました。

おおきな　かぶ②

なまえ（　　　　　　）

とうじょうじんぶつを　かんがえましょう。

(1)「とうじょうじんぶつ」についての　せつめいです。うすい　もじを　なぞりましょう。

とうじょうじんぶつとは、おはなしのなかで　はなしたり、うごいたり、かんがえたりする　ひとや　どうぶつや　もの。

(2)『おおきなかぶ』の　とうじょうじんぶつを　かきましょう。うすい　もじは　なぞりましょう。

おじいさん		

(3)「かぶ」は　とうじょうじんぶつ　でしょうか。ただしいほうに　○を　つけましょう。

	かぶは、とうじょうじんぶつです。
	かぶは、とうじょうじんぶつでは　ありません。

(4) (3)のように　かんがえた　りゆうを　かきましょう。

◎とうじょうじんぶつを　かんがえることができました。

おおきな　かぶ③

なまえ（　　　　）

やくに　わかれて　おんどくを　しましょう。

(1)どの　やくに　なって　おんどくを　しますか。○を　つけましょう。

	おじいさん
	おばあさん
	まご
	いぬ
	ねこ
	ねずみ
	かたりて

(2)おんどくを　するときに　くふうする　ことを　一つ　きめましょう。

(3)やくに　わかれて　おんどくを　しましょう。つぎの　ことが　できたら、○を　つけましょう。

	やくに　わかれて　おんどくが　できました。
	「うんとこしょ、どっこいしょ。」を　くふうして　よめました。
	うごきを　つけて　よめました。
	(2)で　きめた　ことが　できました。

◎やくに　わかれて　おんどくが　できました。

おむすび　ころりん　四時間計画

分析の視点
登場人物
主役

準備物
教科書のイラストを拡大したもの
絵本『おむすびころりん』

指導計画

第一時　範読・音読
第二時　音読の工夫を考える（シート①）
第三時　話の内容をまとめる（シート②）
第四時　登場人物と面白かったところを考える（シート③）

各時間の指導略案（主な指示・発問・説明）

第二時

(1) シート①を配布する
(2) 「『おむすびころりん』を音読します。一回読んだら○を一つぬりなさい」
(3) ・一人読み　・一斉読み　・交代読み　など様々な方法で音読させます
(4) 「『おむすび～』の文は何回出てきますか」
(5) 「どのように読んだらよいでしょうか」
(6) 「隣の友達と交代で練習をしなさい」
(7) 「発表しなさい」

第三時

(1) シート②を配布する
(2) 「『おむすびころりん』はどんな話ですか。四角の中に言葉を書きなさい」
・拡大したシートを黒板に貼り、一緒に書いていきます
・すべての枠を書き終わったら、イラストに色塗りをさせたり、おじいさん、ねずみなどの登場人物をシートの中に描かせたりします

第四時

(1) シート③を配布する
(2) 「登場人物について考えます。薄い文字をなぞりなさい」
(3) 「『おむすびころりん』の登場人物を書きなさい」
(4) 「発表しなさい」
(5) 「主役はだれですか」
(6) 「『おむすびころりん』を読んで、面白かったところを（れい）を参考に書きなさい」
(7) 「発表しなさい」

「解答モデル（解答例）」

シート①
(1) 略
(2) ①　4
②　歌うように読みます。
(3) 略
(4) 略

シート②
おむすび　あな　おむすび　ころりん　すっとんとん。ころころ　ころりん　すっとんとん。
ねずみのおうち　こづち　おこめ　こばん

シート③
(1) 略
(2) おじいさん　ねずみ　おばあさん
(3) おじいさん
(4) おじいさんも、あなにおちてしまったところが、おもしろかったです。

百文字限定　通知表所見例

(1) 音読が上手になりました。『おむすびころりん』では「おむすび　ころりん　すっとんとん。ころころ　ころりん　すっとんとん。」の所を「楽しく読むのが良い」と考え、練習することができました。

(2) 『おむすびころりん』の学習で書かれている内容を短くまとめました。「おむすび」「ねずみのおうち」など、キーワードを的確に抜き出すことができていました。内容を読み取る力がついてきています。

(3) 『おむすびころりん』の学習で面白かったところを考えました。「おじいさんが何度もおむすびを落とすところがおもしろかった」と書きました。グループで交流する中で、様々な考えにふれることもできました。

指導教材　☆プラスワン☆

「おむすび　ころりん　すっとんとん。～」の音読で、それぞれの読み方を考えさせることもできます。挿絵を提示し「最初のイラストの時、おじいさんは、どんな気持ちで『おむすび～』の歌を聴いていたのかな」と発問します。「ふしぎな気持ち」「おどろいた気持ち」など意見が出されます。同じように四つの場面の気持ちを問うて、それぞれに合った「おむすびころりん～」の音読方法を考えさせてもよいです。

おむすび　ころりん①

なまえ（　　　　）

『おむすび　ころりん』を　おんどく　しましょう。

(1)『おむすび　ころりん』を　おんどく　しましょう。いっかい　よんだら　○を　ひとつ　ぬりましょう。

①　②　③　④　⑤　⑥　⑦　⑧　⑨　⑩

(2) おんどくの　しかたを　かんがえましょう。

> おむすび　ころりん　すっとんとん。
> ころころ　ころりん　すっとんとん。

[1] この　うたは　おはなしの　なかに　なんかい　でてきますか。

［　　　］かい　でてきます。

[2] どのように　よんだら　よいでしょうか。（れい）のように　かきましょう。

（れい）たのしい　かんじで　よみます。

［　　　　　　　　　　］

(3) (2)の[2]で　かんがえた　よみかたで　よみましょう。となりの　ともだちと　こうたいで　れんしゅうしましょう。

(4) (3)で　れんしゅうしたことを　いかして　『おむすび　ころりん』を　よみましょう。

◎『おむすび　ころりん』を　おんどくする　ことが　できました。

おむすび　ころりん②

なまえ（　　　　　）

どんな　おはなしなのか　かんがえましょう。

(1)『おむすび　ころりん』は　どんな　おはなしでしょうか。□に　ことばを　かきましょう。

おじいさんが　□□□□　を　たべようとしたら、
ひとつ　ころがりました。

おむすびは　□□　に　とびこみました。

お□□□こ□□□す□□□□□。
という　うたが　きこえて　きました。

おじいさんも　ね□□□□□□　に　とびこみました。

おむすびの　おれいに　□□□　を　もらいました。

こづちを　ふると　□□□　や　□□□　が　でて　きました。

おむすび　ころりん③

なまえ（　　　　　）

「とうじょうじんぶつ」と「おはなしの　おもしろかったところ」を　かんがえましょう。

(1)「とうじょうじんぶつ」についての　せつめいです。うすい　もじを　なぞりましょう。

とうじょうじんぶつとは、おはなしのなかで　はなしたり、うごいたり、かんがえたりする　ひとや　どうぶつや　もの。

(2)『おむすび　ころりん』の　とうじょうじんぶつを　かきましょう。

(3)おはなしの　しゅやくは　だれでしょうか。

(4)『おむすび　ころりん』をよんで、おもしろかったところを（れい）のようにかきましょう。

（れい）おじいさんが、おむすびを　おとすところが　おもしろかったです。

やくそく

こかぜ さち／作　くろい けん／絵

四時間計画

指導計画

第一時　範読・音読
第二時　音読の工夫を考える（シート①）
第三時　話の内容をまとめる（シート②）
第四時　登場人物と話の感想を考える（シート③）

各時間の指導略案（主な指示・発問・説明）

第二時

(1)シート①を配布する
(2)「『やくそく』の話を書いたのは誰ですか」
(3)「『やくそく』の絵を描いたのは誰ですか」
(4)「『やくそく』を音読します。一回読んだら○を一つ塗りなさい」
(5)「『だめだめ。～』『みんなもっと～』の文はどのように読んだらよいでしょうか」
(6)隣同士発表させた後、全体の場で数名発表させます
(7)「考えた読み方で読みましょう」
・隣の子と交代で練習させます
(8)「発表しなさい」

第三時

(1)シート②を配布する
(2)「『やくそく』はどんな話ですか。四角の中に言葉を書きなさい」
・拡大したシートを黒板に貼り、一緒に書いていきます
・すべての枠が書き終わったら、繰り返し音読をさせて、あらすじを理解させます

第四時

(1)シート③を配布する
(2)「『やくそく』の登場人物を書きなさい」
(3)「『木のは』は登場人物でしょうか」
(4)「理由を書きなさい」
(5)発表させます
(6)「『やくそく』を読んで、面白かったところや、すてきだなと思ったところを（れい）を参考に書きなさい」
(7)グループで発表させます
(8)全体の場で数名発表させます

分析の視点	準備物
作者 登場人物	シートを拡大したもの 小風さち作の絵本

「解答モデル（解答例）」

シート①
(1)こかぜ　さち
(2)くろい　けん
(3)略
(4)怒った感じで読みます。
優しく誘う感じで読みます。
(5)略

シート②
木のは　ちょう　あおむし　は　あおむし　は
おおげんか　せかい　いちばんたかいえだ　う
み　やくそく

シート③
(1)あおむし　おおきな木
(2)○「木のは」は、とうじょうじんぶつではありません。
(3)木のはは、話していないからです。
(4)さいごになかなおりをしたところが、すてきだとおもいました。

百文字限定　通知表所見例

(1)「『やくそく』の音読の工夫を考えました。「だめ　だめ。この木は　ぼくの　木。ぼくのはっぱ。」のところを、いいあいをしているように、少し怒った感じで読んだほうがよいと考えていました。
(2)物語文の内容を読み取りました。『やくそく』の話では、場面ごとに「あおむし」「やくそく」などのキーワードを抜き出し、あらすじを考えることができました。読み取る力が伸びています。
(3)『やくそく』の話で、面白いところや、素敵だと感じたところを考えました。「ちょうになって、みんなで海に行く約束をしたところが素敵だと思った」と書き、意見を交流することができました。

指導教材　☆プラスワン☆

同じ作者の絵本を読み聞かせしましょう。小風さちさんは、『わにわにのおふろ』や『わにわにのおおけが』など、「わにわにシリーズ」が有名です。国語の時間の最後や朝学習の時間を使って読み聞かせをしましょう。読み聞かせをした後は、題名と作者、読んだ日を短冊に書き、教室に掲示すると、「読書の記録」として残していくことができます。

やくそく①

なまえ（　　　　　　）

『やくそく』を　おんどく　しましょう。

(1)『やくそく』の　おはなしを　かいたのは　だれですか。

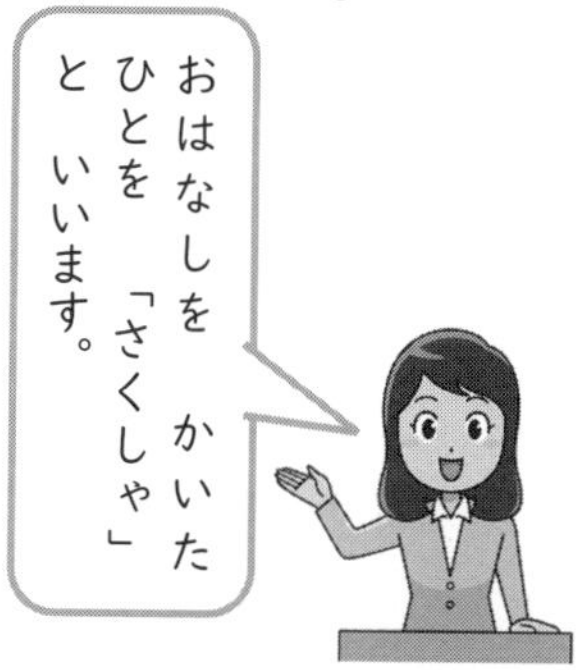

(2)『やくそく』の　おはなしの　えを　かいたのは　だれですか。

(3)『やくそく』を　おんどく　しましょう。いっかい　よんだら　○を　ひとつ
ぬりましょう。

①　②　③　④　⑤　⑥　⑦　⑧　⑨　⑩

(4)つぎの　ぶんは　どのように　よんだら　よいでしょうか。

「だめ　だめ。この　木は、ぼくの　木。
ぼくの　はっぱ。」

「みんな、もっと　うえまで　のぼって、
そとの　せかいを　みて　ごらん。」

(5)　(4)でかんがえた　よみかたで　よみましょう。
となりのともだちと　こうたいで　れんしゅうしましょう。

◎『やくそく』を　おんどくする　ことが　できました。

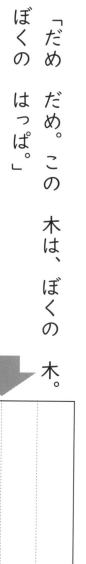

やくそく②

どんな　おはなしなのか　かんがえましょう。

なまえ（　　　　）

(1)『やくそく』は　どんな　おはなしでしょうか。□に　ことばを　かきましょう。

あおむしは、まいにち □ を　たべて、からだが
□ に　かわるひを　まって　いた。

あるとき、じぶんと　そっくりな □ が
おなじ　木で、□ を　たべて　いた。

にひきが　いいあいを　して　いると、じぶんたちと
そっくりな □ が、おなじ　木で、□ を
たべて　いた。あおむしたちは □ を　した。

おおきな　木が　「そとの □ を　みて　ごらん。」
と　いった。□ に
つくと、とおくには、□ が　みえた。

さんびきは、からだが　ちょうに　かわったら、ひかって
いる　ところに　みんなで　とんでいく □ を
した。

やくそく③

なまえ（　　　　）

「とうじょうじんぶつ」と、おはなしの　おもしろかったところや、すてきだなと　おもったところを　かんがえましょう。

(1) 『やくそく』の　とうじょうじんぶつを　かきましょう。

［　　　］が、三びき。

［　　　］

(2) 「木のは」は　とうじょうじんぶつ　でしょうか。ただしいほうに　○を　つけましょう。

	「木のは」は、とうじょうじんぶつです。
	「木のは」は、とうじょうじんぶつでは　ありません。

(3) (2)のように　かんがえた　りゆうを　かきましょう。

(4) 『やくそく』をよんで、おもしろかったところや　すてきだなとおもった　ところを　（れい）を　さんこうに　かきましょう。

（れい）みんなで　うみまで　とんでいく　やくそくを　した　ところが　すてきだと　おもいました。

くじらぐも

なかがわ　りえこ／作　かきもと　こうぞう／絵

六時間計画

指導計画

第一時　範読・音読
第二時　音読の工夫を考える（シート①）
第三時　話の内容をまとめる（シート②）
第四時　文の意味の違いを考える（シート③）
第五時　雲に乗った子供たちの言葉を想像する
第六時　音読発表会

各時間の指導略案（主な指示・発問・説明）

第二時

(1)シート①を配布する
(2)「題名、作者、絵を描いた人を書きなさい」
(3)「『くじらぐも』を音読します。一回読んだら、○を一つ塗りなさい」
(4)・一人読み　・一斉読み　・交代読み　など、様々な方法で音読させます
(5)「『天までとどけ、一、二、三。』」このセリフは、何回出てきますか」
(6)「すべて同じように読みますか。違うように読みますか」
(7)「理由を書きなさい」
(8)「工夫して音読しなさい」

第三時

(1)シート②を配布する
(2)「『くじらぐも』はどんな話ですか。四角の中に言葉を書きなさい」
・拡大したシートを黒板に貼り、一緒に書いていきます
・すべての枠を書き終わったら、イラストに色塗りをさせて、時間調整をします

第四時

(1)シート③を配布する
(2)「文の意味の違いを考えます。[1]『しろい　くものくじらです。』『まっしろい　くもの　～』この二つはどのように意味が違うでしょうか」
(3)書かせた後、発表させます。同様に[2]以降も扱います
(4)「工夫して音読します。[1]「まっしろい～」の文はどのように読んだらよいでしょうか」
(5)同様に[2]以降も音読の工夫を考えさせます
(6)「『くじらぐも』を音読しましょう」

分析の視点
題名
作者

準備物
拡大したシート
拡大した教科書挿絵

「解答モデル（解答例）」

シート①

(1)くじらぐも　なかがわりえこ
かきもとこうぞう
(2)略
(3)[1]3
[2]○ちがうようによみます。
[3]だんだん大きな声で読んだ方が良いと思うからです。
(4)略

シート②

くじら「ここへおいでよう。」「ここへおいでよう。」「天までとどけ、一、二、三。」くじら
うみ　むら　まち　うた　ジャングルジムのうえ「さようなら。」

シート③

(1)
[1]まっしろいの方が、より白く感じる。
[2]とびのろうだと、ジャンプをして乗っている感じになる。
[3]青い、青いの方が、雲一つない真っ青な空の様子になる。
[4]どこまでも、どこまでもの方が、空がずっと続いている様子を感じる。
(2)略

百文字限定　通知表所見例

(1)『くじらぐも』の学習で音読の工夫を考えました。「天までとどけ、一、二、三。」を、「どんどん高く跳べるようになっているから、声を大きくしていった方が良い」と考え、練習をすることができました。
(2)言葉による、意味の違いを考えました。「青い空」と「青い青い空」では、「青い青い空」の方が、雲一つない感じがすると発表することができました。
(3)『くじらぐも』で、雲の上に乗った子供たちの会話を考えました。頭の上に乗った子どもに「遠くに、海が見えるよ」というセリフを付け、情景を想像することができました。

指導教材　☆プラスワン☆

第一時間目は音読中心ですが、学習の後半でイメージが広がります。「くじら」について読み取らせると、イメージを発表してください」と指示します。「くじらについて、分かることを発表してください」と指示します。「まっ白いくじら」「大きなくじら」「体操をするくじら」「きっと、学校がすきなくじら」「しゃべることができるくじら」などが出されます。

くじらぐも①

なまえ（　　　　）

おんどくの　くふうを　かんがえましょう。

(1) つぎの　ことに　ついて　かきましょう。

だいめい	さくしゃ	えを　かいた　ひと

(2)『くじらぐも』を　おんどく　しましょう。いっかい　よんだら　○を　ひとつ　ぬりましょう。

①②③④⑤⑥⑦⑧⑨⑩

(3) おんどくの　しかたを　かんがえましょう。

「天まで　とどけ、一、二、三。」

1 この　せりふは　おはなしの　なかに　なんかい　でてきますか。

［　　］かい　でてきます。

2 この　せりふは、すべて　おなじように　よみますか。ちがう　ように　よみますか。どちらかに　○を　つけましょう。

	おなじ　ように　よみます。
	ちがう　ように　よみます。

3 2のように　かんがえた　りゆうを　かきましょう。

(4)「天まで　とどけ、一、二、三。」の　よみかたを　れんしゅうしましょう。うごきも　つけましょう。

◎おんどくの　くふうを　かんがえる　ことが　できました。

くじらぐも②

なまえ（　　　　）

どんな　おはなしか　かんがえましょう。

子どもたちが　たいそうを　していると、空に、
大きな　［　　　］が　あらわれた。

「こ　　　　　　　　」みんなが　さそうと
「こ　　　　　　　　」と　くじらも　さそった。

みんなは　手をつないで、まるい　わに　なると、
「天　と　、　、　、　」と
ジャンプした。いきなり、かぜが、みんなを　空へ　ふきとばし、

せんせいと　子どもたちは、くもの　［　　　］に　のっていた。
くじらは　［　　］の　ほうへ、［　　］の　ほうへ、［　　］
の　ほうへ、すすんでいった。みんなは、［　　］を　うたった。
くじらぐもは　［　　　　　　　　］に、
みんなを　おろした。「さ　　　　　」と　くもの
くじらは、また、げんきよく、空へ　かえって　いった。

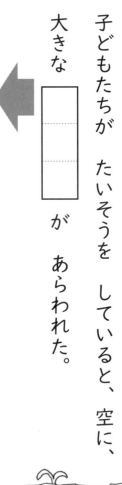

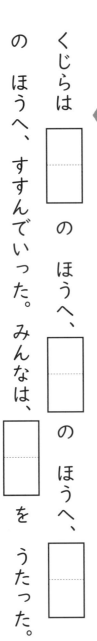

くじらぐも③

なまえ（　　　　）

いみの　ちがいを　かんがえましょう。

⑴つぎの　二つの　ぶんでは　どのような　いみの　ちがいが　あるでしょうか。

1
・しろい　くもの　くじらです。
・まっしろい　くもの　くじらです。

2
・くもの　くじらに　のろう。
・くもの　くじらに　とびのろう。

3
・くじらは、青い　空の　なかを、
・くじらは、青い　青い　空の　なかを、

4
・空は　どこまでも　つづきます。
・空は　どこまでも　どこまでも　つづきます。

⑵ちがいを　かんがえながら、『くじらぐも』を　おんどく　しましょう。

◎ぶんの　いみの　ちがいを　かんがえる　ことが　できました。

たぬきの糸車　五時間計画

きし なみ／作　むらかみ ゆたか／絵

指導計画

第一、二時　範読・音読
第三時　場面分け（シート①）
第四時　登場人物、主役の検討（シート②）
第五時　場面ごとにたぬきの行動と、おかみさんの気持ちをまとめる（シート③）

各時間の指導略案（主な指示・発問・説明）

第三時

(1)シート①を配布する
(2)『たぬきの糸車』を五つの場面に分けます。場面の最初の言葉を教科書から探しなさい」
(3)場面を線で区切らせた後、シートに最初の文を書かせます
(4)「二の場面を音読します。一回読んだら、〇を一つ塗りなさい」
(5)第二場面を一度音読させ、次の課題に移ります
(6)「『キーカラカラ～』『糸車が～』の文はどのような動きを付けて読んだらよいでしょうか」
(7)「動きをつけて読んで第二場面を音読しなさい」

第四時

(1)シート②を配布する
(2)「登場人物について考えます。薄い文字をなぞりなさい」
(3)「『たぬきの糸車』に出てくる登場人物をすべて書きなさい」
(4)「主役はだれですか」
(5)「理由を（れい）を参考に書きなさい」
(6)「グループで話し合いなさい」

第五時

(1)シート③を配布する
(2)「場面ごとにたぬきのしたことを書きましょう。また、その時のおかみさんがどう思ったのか書きましょう」
・第二場面の枠に書かせ発表させることで例示とします
・続けて第五場面まで書かせ、発表させます
・それぞれの場面は挿絵と対応していますので、黒板に拡大した挿絵を貼っておき、どの場面なのか明確にします
(3)「一番好きな場面はどこですか。（れい）を参考に書きなさい」

分析の視点
登場人物
主役

準備物
教科書のイラストを拡大したもの

「解答モデル（解答例）」

シート①
(1)一むかし、ある山おくに、きこりの～
二ある月のきれいなばんのこと、～
三あるばん、こやのうらで、～
四はるになって、また、きこりの～
五たぬきは、ふいに、おかみさんが～
(2)略
(3)略

シート②
(1)略
(2)きこりのふうふ（きこり、おかみさん）
たぬき
(3)たぬき（おかみさんも可）
(4)わたしは、たぬきがしゅやくだとかんがえます。なぜなら、だいめいが、『たぬきの糸車』だからです。

シート③
(1)
二まいばんやってきて、糸車をまわすまねをくりかえした。いたずらもんだが、かわいいな
三わなにかかった。かわいそうに。わなになんか、かかるんじゃないよ。
四じょうずな手つきで糸をつむいでいた。とてもおどろいた。
五おどりながらかえっていった。ありがとうと思った。
(2)わたしは、五のばめんがすきです。なぜなら、おどりながら帰って行くたぬきが、かわいいと思ったからです。

百文字限定　通知表所見例
(1)物語文の場面分けについて考えました。『たぬきの糸車』では場面の最初に、時の経過を表す言葉があることに気付きました。場面ごとに書かれている内容も、的確に読み取ることができました。
(2)『たぬきの糸車』で主役はだれなのか考えました。題名に書かれていることや、話の中に多く出てくることから、たぬきが主役であると考え、意見を発表することができました。

指導教材　☆プラスワン☆
最後の場面で、おかみさんに気付いたたぬきは「うれしくて、たまらないというように、ぴょんぴょこおどりながら～」とあります。ここから「たぬきは、もう一度、きこりの家にもどってくるでしょうか」という課題が考えられます。「もう満足したから戻ってこない」「おかみさんに会いにまた戻ってくる」様々な理由をもとに話し合うことができます。対話的な学習につなげることができます。

たぬきの 糸車①

なまえ（　　　）

五つの ばめんに わけて おんどく しましょう。

(1)『たぬきの糸車』を 五つの ばめんに わけます。うすい 文字から はじまる、それぞれの ばめんの文を きょうかしょから さがして かきましょう。

ばめん	さいしょの文
一	むかし、ある山おくに、きこりのふうふが すんでいました。
二	ある月の
三	あるばん、
四	はるになって、
五	たぬきは、ふいに、

(2)二のばめんを おんどくを しましょう。一かい よんだら、○を 一つぬりましょう。

①②③④⑤⑥⑦⑧⑨⑩

(3)つぎの二つの 文を うごきを つけて よみましょう。できたら、○をつけましょう。

	キーカラカラ　キーカラカラ　キークルクル　キークルクル
	糸車が　キークルクルと　まわるに　つれて、二つの　目玉も、くるりくるりと　まわりました。

いろいろな　おんどく

- おいよみ
- こうたいよみ
- いっせいよみ
- ひとりよみ
- たけのこよみ

たぬきの 糸車②

なまえ（　　　　）

とうじょうじんぶつと しゅやくを かんがえましょう。

(1)「とうじょうじんぶつ」についての せつめいです。うすい もじを なぞりましょう。

とうじょうじんぶつとは、おはなしのなかで はなしたり、うごいたり、かんがえたりする ひとや どうぶつや もの。

(2)『たぬきの糸車』の とうじょうじんぶつを かきましょう。

(3)しゅやくは、だれでしょうか。

(4)なぜ、(3)のように かんがえ ましたか。りゆうを（れい）を さんこうに かきましょう。

（れい）わたしは、～（しゅやくをかく）が しゅやくだとかんがえます。
なぜなら、～（りゆうをかく）からです。

「なぜなら～」という文をつかって、りゆうをかきましょう。

◎とうじょうじんぶつと しゅやくについて かんがえることが できました。

たぬきの　糸車③

なまえ（　　　　）

たぬきへの　おかみさんの　気もちを　かんがえましょう。

(1) ばめんごとに　たぬきの　したことを　かきましょう。また、おかみさんは　たぬきの　したことを　見て、どう　おもったでしょうか。

ばめん	たぬきのしたこと	おかみさんが　おもったこと
二	まいばんやってきて、糸車をまわすまねをくりかえしました。	
三		
四		
五		

(2) 二から五のなかで、いちばん　すきな　ばめんは　どこですか。
また、なぜ　そう　おもいましたか。（れい）をさんこうに　かきましょう。

（れい）わたしは、～（ばんごうを　かく）の　ばめんが　すきです。
なぜなら、～（りゆうを　かく）からです

◎たぬきへの　おかみさんの　気もちを　かんがえる　ことが　できました。

ずうっと、ずっと、大すきだよ　八時間計画

ハンス＝ウイルヘルム／作・絵　ひさやまたいち／訳

分析の視点
登場人物の変化

準備物
拡大したシート

指導計画

第一時　音読・学習課題を確認する
第二時　感想を書く（シート①）
第三時　エルフの変化を考える（シート②）
第四時　ぼくがエルフのことが大好きだと分かるところを見つける（シート③）
第五六七時　疑問を話し合う（シート④⑤⑥）
第八時　学習を振り返る（シート⑦）

各時間の指導略案（主な指示・発問・説明）

第二時

(1)シート①を配布する
(2)「お話を読んで『いいな』『すきだな』『どうしてかな』と思うことを考えましょう」
(3)音読させる
(4)「シートに書きなさい」
(5)「発表しなさい」

第三時

(1)シート②を配布する
(2)「エルフがどのように変わっていったのか、確かめましょう」
(3)「エルフが変わっていったことが分かるところに線を引きなさい」
(4)「発表しなさい」
・拡大したシートを黒板に貼り、発表されたことをまとめて書く
(5)「今日の勉強で思ったことを書きなさい」

第四時

(1)シート③を配布する
(2)「ぼくが、エルフのことが大好きだということがわかるところに線を引きなさい」
(3)「発表しなさい」
(4)「線を引いたところか三つ選んで、シートに書きなさい」
(5)「今日の勉強で思ったことを書きなさい」

第五六七時

・児童の実態に合わせて五六七時はすべての課題を扱ってもよいし、選択して扱ってもよい

「解答モデル（解答例）」

シート①略

シート②
(1)略
(2)
○大きくなった
・ぼくより早く大きくなった
・まい日いっしょに遊んだ
・どんどんふとっていった
○年をとった
・ねていることがおおくなった
・さんぽをいやがるようになった
・かいだんをのぼれなくなった　など
(3)略

シート③
(1)略
(2)エルフはせかいでいちばんすばらしい犬です。など
(3)略

シート④
(1)「エルフ、ずうっと、大すきだよ」
(2)ねるまえに、いつも「大すきだよ」といっていたから。
(3)略

シート⑤
(1)**【ぼく】**いらない
【となりの子】子犬をくれる
(2)エルフのことがまだわすれられないから。
(3)(4)略

シート⑥
(1)エルフのベッド
(2)子犬につかってほしかったから。
(3)(4)略

シート⑦略

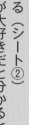

ずうっと、ずっと、大すきだよ①

名前（　　　　）

めあて　『ずうっと、ずっと、大すきだよ』を　よんで、おもったことを　かこう。

(1)『ずうっと、ずっと、だいすきだよ』を　よんで、「いいな。」「すきだな。」「どうしてかな。」と　おもった　ことを　かきましょう。

「いいな。」

「すきだな。」

「どうしてかな。」

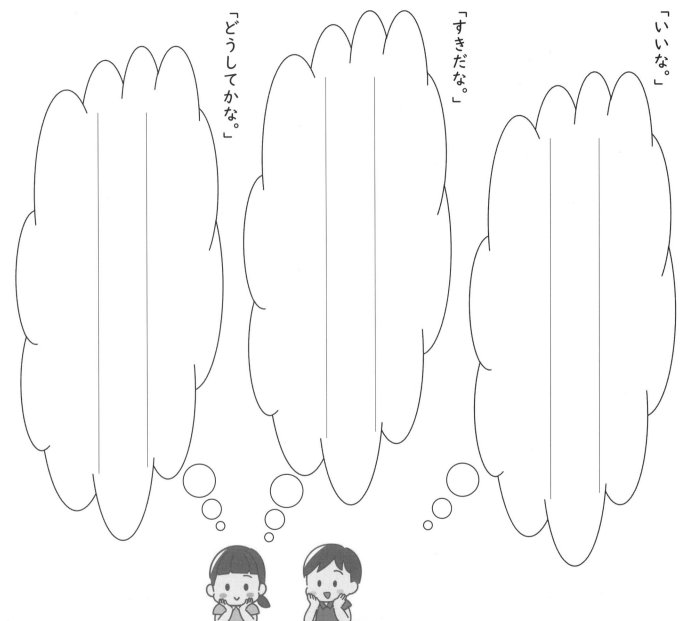

ずうっと、ずっと、大すきだよ②

名前（　　　　）

めあて　エルフは、どのように　かわって　いったのか　たしかめよう。

(1)エルフが　かわって　いった　ことが　わかる　ところに　せんを　ひきましょう。

(2)エルフが　どう　かわって　いったのか　まとめましょう。うすい　もじは　なぞりましょう。

○大きくなった

教科書の挿絵を
貼ってください。

○年をとった

教科書の挿絵を
貼ってください。

(3)きょうの　べんきょうで　おもった　ことを　かきましょう。

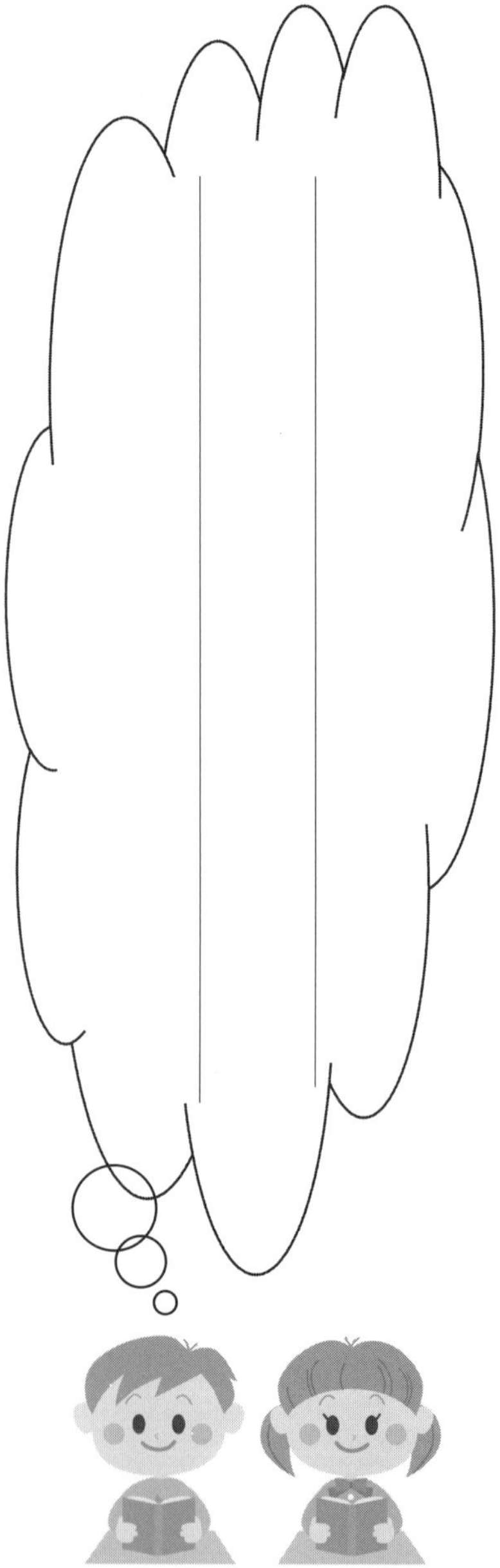

ずうっと、ずっと、大すきだよ③

名前（　　　　　）

めあて　ぼくが　エルフの　ことが　大すきだと　いう　ことを　たしかめよう。

(1)ぼくが、エルフのことが　大すきだと　いう　ことが　よくわかる　ところに　せんを　ひきましょう。

(2)ぼくがエルフのことが　大すきだ　と　わかる　ところを　三つ　かきましょう。

教科書の挿絵を貼ってください。

教科書の挿絵を貼ってください。

(3)きょうの　べんきょうで　おもった　ことを　かきましょう。

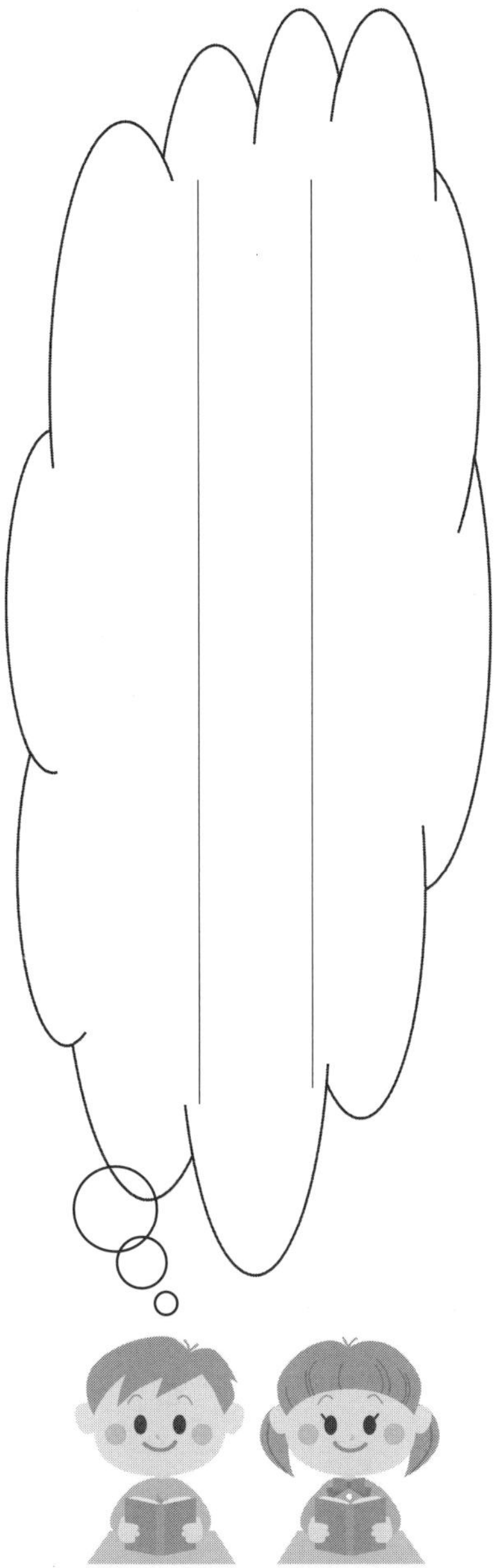

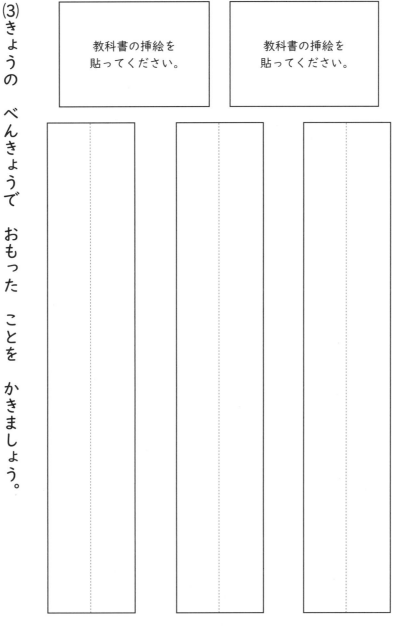

ずうっと、ずっと、大すきだよ④

名前（　　　　）

めあて　「エルフは、きっと　わかって　くれたよね。」と　ぼくが　おもった　りゆうを　かんがえよう。

(1) ぼくは、ねる　まえには、かならず、なんと　いったのでしょう。

教科書の挿絵から
「ぼくの顔」を
貼ってください

(2) なぜ、ぼくは、「エルフは、きっと　わかって　くれたよね。」と　かんがえたのでしょう。

(3) きょうの　べんきょうで　おもった　ことを　かきましょう。

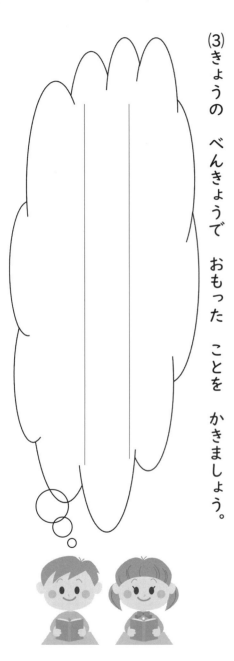

ずうっと、ずっと、大すきだよ⑤

名前（　　　　）

めあて　ぼくは、なぜ　となりの　子から　子犬を　もらわなかったのか　かんがえよう。

(1) となりの　子は、なんと　いいましたか。ぼくは、なんと　いいましたか。

「ぼく」の挿絵を貼ってください。

となりの子の挿絵を貼ってください。

(2) ぼくは、なぜ、となりの　子から　子犬を　もらわなかったのでしょう。

(3) あなただったら、子犬をもらいますか。もらいませんか。はなしあって　みましょう。

(4) きょうの　べんきょうで　おもった　ことを　かきましょう。

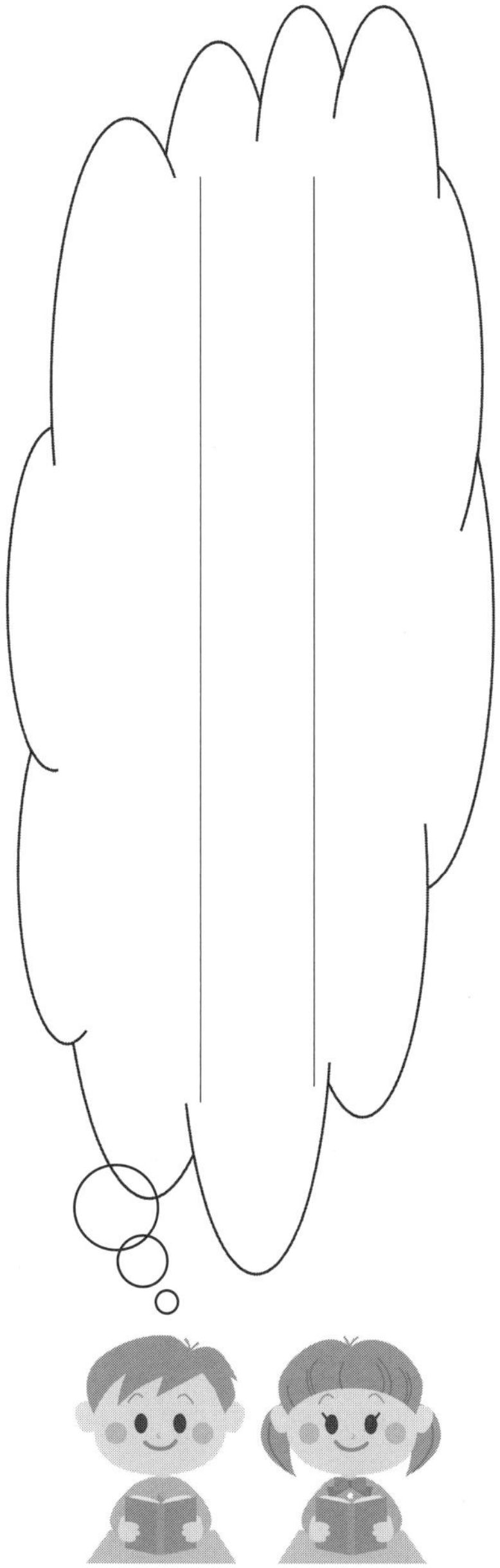

ずうっと、ずっと、大すきだよ⑥

名前（　　　　）

めあて　ぼくは、なぜ　となりの　子に　バスケットを　あげたのか　かんがえよう。

⑴バスケットは　なにに　つかって　いたのですか。

教科書のエルフがバスケットにいる挿絵を貼ってください。

⑵ぼくは、なぜ　となりの子に　バスケットを　あげたのでしょうか。

教科書のぼくととなりの子が描かれている挿絵を貼ってください。

⑶あなた　だったら、バスケットを　あげますか。あげませんか。はなしあって　みましょう。

⑷きょうの　べんきょうで　おもった　ことを　かきましょう。

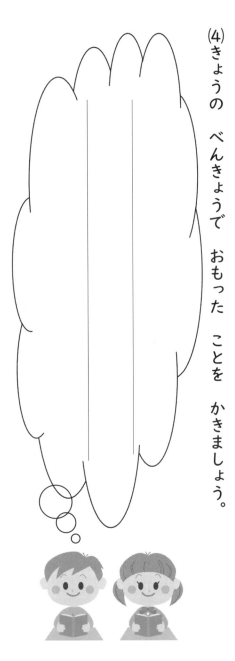

ずうっと、ずっと、大すきだよ⑦

名前（　　　）

めあて 『ずうっと、ずっと、大すきだよ』を よんで いちばん こころに のこった ことを かこう。

(1) おはなしを よんで、いちばん こころに のこった ことを、かきましょう。

（れい）
エルフは しんで しまった けれど、ぼくが エルフのことを たいせつに おもって いる ことが こころに のこりました。

(2) 「ぼく」に なった つもりで、エルフに てがみを かきましょう。

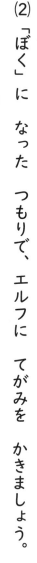

ふきのとう

くどう　なおこ／作　ひらおか　ひとみ／絵

六時間計画

分析の視点	準備物
登場人物	画像　ふきのとう

指導計画

第一時　範読・音読
第二時　登場人物（シート①）
第三時　短文づくり（シート②）
第四時　音読の工夫を考える（シート③）
第五時　音読発表会に向けての練習
第六時　音読発表会

各時間の指導略案（主な指示・発問・説明）

第二時

(1) シート①を配布する
(2)「『ふきのとう』を音読します。一回読んだら○を一つぬりなさい」
(3)・一人読み　・一斉読み　・交代読み　など様々な方法で音読させます
(4)「登場人物について考えます。薄い文字をなぞりなさい」
(5)「『ふきのとう』の登場人物を出てきた順番に書きなさい」
(6)「発表しなさい」

第三時

(1) シート②を配布する
(2)「『ふきのとう』に出てくる言葉を使って、文を作ります。『～あけました』という文を書きなさい」
(3) 発表させ、次の三つの意味で分類します
「～空けました」「～開けました」「～明けました」
(4)「『～はきました』という文を書きなさい」
(5) 発表させ、次の三つの意味で分類をします
「吐きました」「履きました」「掃きました」
(6)「『息をはきました』の『はきました（吐き）』と同じ意味で使っている文を一つ書きなさい」

第四時

(1) シート③を配布する
(2)「音読の工夫を考えます。次の会話文はどのように読んだらよいですか。理由も書きましょう」
(3)「さむかったね。うん、さむかったね。」の枠に書かせ発表させます。同様に他の三つも扱います
(4)「役に分かれて音読します。どの役で音読するのか話し合いなさい」
(5)「自分が読む会話文の音読の工夫を書き込みなさい」
(6)「グループで練習しなさい」

「解答モデル（解答例）」

シート①

(1) 略　(2) 略
(3) **竹のはっぱ1**
・さむかったね。
竹のはっぱ2
・うん、さむかったね。
ふきのとう
・よいしょ、よいしょ。おもたいな。
雪
・ごめんね。
竹やぶ
・すまない。
お日さま
・おや、はるかぜがねぼうしているな。竹やぶも雪もふきのとうも、みんなこまっているな。
はるかぜ
・や、お日さま。や、みんな。おまちどお。

シート②

(1)・ドアをあけました。
・年があけました。
・せきをあけました。
・ふでばこをあけました。
(2)・くつをはきました。
・ねこが毛玉をはきました。
・ゴミをはきました。
・スカートをはきました。
(3)・ねこが毛玉をはきました。
・水をはきました。

シート③

(1) **「さむかったね。」「うん、さむかったね。」**
音読のくふう
・さむそうに、小さな声で読む。
理由
・「ささやいています」と書かれているから。
「よいしょ、よいしょ。おもたいな。」

音読のくふう
・小さくゆっくり読む。
理由
・「ちいさな声がしました」と書かれているから。
「ごめんね。」

音読のくふう
・あやまるように読む。
理由
・ふきのとうが重たそうにしているから。
「すまない。」

音読のくふう
・ざんねんそうに読む。
理由
・おどりたくてもおどれないから。
(4) 略　(5) 略　(6) 略

ふきのとう①

名前（　　　　）

『ふきのとう』のとうじょうじんぶつをかんがえましょう。

(1) 『ふきのとう』を音読しましょう。一かい読んだら、〇を一つぬりましょう。

①②③④⑤⑥⑦⑧⑨⑩

(2) とうじょうじんぶつとは、つぎのようにかんがえられます。うすい文字をなぞりましょう。

とうじょうじんぶつとは、おはなしの中ではなしたり、うごいたり、かんがえたりする人やどうぶつやもの。おはなしをげきにしたとき、やくがひつようになる。

(3) 『ふきのとう』のとうじょうじんぶつを、出てきたじゅんにかきましょう。また、そのとうじょうじんぶつが、さいしょにはなしたことをかきましょう。うすい文字はなぞりましょう。

とうじょうじんぶつ	さいしょにはなしたこと
竹のはっぱ1	さむかったね。
竹のはっぱ2	

◎『ふきのとう』のとうじょうじんぶつをかんがえることができました。

ふきのとう②

名前（　　　　）

『ふきのとう』でつかわれている「ことば」をつかって、文をつくりましょう。

(1) 「よが　あけました。」とあります。（れい）のように「～あけました。」という　みじかい文をかきましょう。

（れい）ふたを　あけました。

(2) 「いきを　はきました。」とあります。（れい）のように「～はきました。」というみじかい文をかきましょう。

（れい）水を　はきました。

(3) (2)でかいたことや、はっぴょうされた中で「いきを　はきました。」の「はきました。」とおなじいみでつかわれている文を、一つかきましょう。

◎『ふきのとう』でつかわれている「ことば」をつかって、文をつくることができました。

ふきのとう③

名前（　　　　　　）

音読のくふうをかんがえましょう。

(1) つぎのかいわ文を読むときの、音読のくふうをかきましょう。りゆうもかきましょう。

音読のくふう（れい）
【声の大きさ】大きい声で読む　小さい声で読む
【読むはやさ】はやく読む　ゆっくり読む
【気もち】やさしいかんじで読む　さびしいかんじで読む

文	音読のくふう	りゆう
「さむかったね。」		
「うん、さむかったね。」		
「よいしょ、よいしょ。おもたいな。」		
「ごめんね。」		
「すまない。」		

(2) やくにわかれて音読をしましょう。じぶんのやくを、かきましょう。

(3) じぶんのやくのかいわ文について、音読のくふうを、きょうかしょにかきこみましょう。

(4) グループで音読のれんしゅうをしましょう。一かい読んだら、○を一つぬりましょう。

①②③④⑤⑥⑦⑧⑨⑩

◎音読のくふうをかんがえることができました。

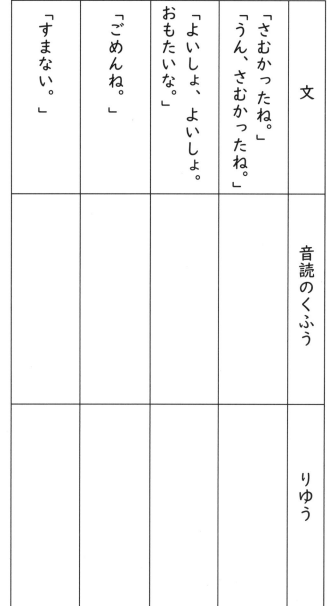

スイミー

レオ＝レオニ／作・絵　たにかわ　しゅんたろう／訳

六時間計画

指導計画

第一時　範読・音読
第二時　登場人物、主役の検討（シート①）
第三時　場面要約（シート②）
第四時　スイミーの見たすばらしいものを考える（シート③）
第五時　主役の変化の検討（シート④）
第六時　紹介文を書く（シート⑤）

各時間の指導略案（主な指示・発問・説明）

第二時

(1)シート①を配布する
(2)「登場人物をすべて書きなさい」
(3)「主役は誰ですか」
(4)「（れい）を参考に、理由を書きなさい」

第三時

(1)シート②を配布する
(2)第一場面の薄い文字をなぞらせ、教科書に線を引かせる
(3)第二場面の薄い文字をなぞらせ、教科書に線を引かせて、もう一つのキーワードを探させる
(4)同様に第三場面も扱い、その他の場面のキーワードも探させ、線を引かせる
(5)「キーワードをシートに書きなさい」
(6)「条件に従って、場面ごとに内容をまとめなさい」

第四時

(1)シート③を配布する
(2)「スイミーが見た、素晴らしいものを書きなさい」
(3)「一番見たいものを（れい）を参考に書きなさい」
(4)「グループで意見を交流しなさい」

第五時

(1)シート④を配布する
(2)「スイミーはどのように変化したのか書きなさい」
(3)「理由を（れい）を参考に書きなさい」
(4)「グループで話し合いなさい」

第六時

(1)シート⑤を配布する
(2)「スイミーの話を短くまとめなさい」
(3)「面白いなと思ったところを書きなさい」
(4)「（れい）を参考にスイミーの紹介文を書きなさい」
(5)早く書き終わった児童同士で交流させます

分析の視点
登場人物
主役　要約
主役の変化

準備物
画像　くらげ
いせえび　など

「解答モデル（解答例）」

シート①

(1)略
(2)スイミー、小さな魚のきょうだいたち、まぐろ、くらげ、いせえび、見たこともない魚たち、こんぶ、わかめ、うなぎ、いそぎんちゃく、スイミーとそっくりの小さな魚のきょうだいたち
(3)スイミー
(4)わたしは、『スイミー』のしゅやくはスイミーだとかんがえます。だい一に、お話のだい名がスイミーだからです。だい二に、お話のさいしょからさいごまで出ているからです。だい三に、せりふが一番おおいからです。よって、わたしは、『スイミー』のしゅやくはスイミーだとかんがえるのです。

シート②

(1)一　きょうだいたち　たのしくくらしていた　スイミー。
二　まぐろ　にげた　スイミー。
三　すばらしいもの　元気　スイミー。
四　小さな魚　かんがえた　スイミー。
五　大きな魚　おい出した　スイミー。
(2)一　きょうだいたちとたのしくくらしていたスイミー
二　まぐろからにげたスイミー
三　すばらしいものを見て元気をとりもどしたスイミー
四　小さな魚を岩かげから出そうとかんがえたスイミー
五　大きな魚をおい出したスイミー

シート③

(1)・にじ色のゼリーのようなくらげ
・水中ブルドーザーみたいないせえび
・見えない糸でひっぱられている、見たこともない魚たち
・ドロップみたいな岩から生えている、こんぶやわかめの林
・かおを見るころには、しっぽをわすれているほど長いうなぎ
・もも色のやしの木みたいないそぎんちゃく
(2)わたしが一ばん見てみたいと思うのは、水中ブルドーザーみたいないせえびです。なぜなら、はくりょくがあって、かっこいいと思うからです。

202ページに続く

スイミー①

名前（　　　　　　）

とうじょうじんぶつとしゅやくについて考えましょう。

(1)とうじょうじんぶつとは、つぎのように考えられます。うすい文字をなぞりましょう。

とうじょうじんぶつとは、お話の中で、話したり、うごいたり、かんがえたりする人やどうぶつやもの。お話をげきにしたとき、やくがひつようになる。

(2)『スイミー』のとうじょうじんぶつを書きましょう。うすい文字はなぞりましょう。

スイミー

(3)『スイミー』のしゅやくはだれでしょうか。

(4)(3)のように考えたりゆうを（れい）をさんこうに書きましょう。

（れい）わたしは、『スイミー』のしゅやくは～だと考えます。
だい一に、～（りゆうをかく）からです。
だい二に、～（りゆうをかく）からです。
だい三に、～（りゆうをかく）からです。
よって、わたしは、『スイミー』のしゅやくは～だと考えるのです。

◎とうじょうじんぶつとしゅやくについて考えることができました。

スイミー②

名前（　　　　）

ばめんごとに、ないようをみじかくまとめましょう。

(1) それぞれのばめんでたいせつなことば（キーワード）を三つずつ書きましょう。うすい文字はなぞりましょう。

一	きょうだいたち	たのしくくらしていた	スイミー
二	まぐろ	にげた	
三	すばらしいもの		
四			
五			

(2) それぞれのばめんをつぎのじょうけんで、みじかくまとめましょう。

・文字数は「、」や「。」もふくめ、二十五文字いないにします。

・文のさいごは、「〜スイミー。」とします。

大切なことば（キーワード）をつなげると、ないようをみじかくまとめることができます。

一	二	三	四	五

スイミー③

名前（　　　　　　）

スイミーが見たすばらしいものについて考えましょう。

⑴ スイミーが見た、すばらしいものを書きましょう。うすい文字はなぞりましょう。

にじ色のゼリーのようなくらげ。

⑵ ⑴で書いた中で、あなたが一ばん見てみたいものをえらび、（れい）をさんこうに、りゆうを書きましょう。

一ばん見てみたいもの

（れい）わたしが一ばん見てみたいのは、にじ色のゼリーのようなくらげです。
なぜなら、いろいろな色が見えて、きれいだと思うからです。

◎スイミーが見たすばらしいものについて考えることができました。

スイミー④

名前（　　　　　　　）

スイミーのへんかについて、考えましょう。

(1) スイミーはお話のはじめとさいごでどのようにかわりましたか。また、スイミーをかえたもの（こと）はなんでしょうか。

はじめ

さいご

スイミーをかえたもの（こと）

(2) (1)で考えたことを、（れい）をさんこうに書きましょう。

（れい）お話のはじめ、スイミーは～が、お話のさいごには、～しました。
スイミーは、～ことで、かわりました。

◎スイミーのへんかについて考えることができました。

スイミー⑤

名前（　　　　）

スイミーを家の人にしょうかいする文しょうを書きましょう。

(1) 『スイミー』はどんなお話ですか。三十文字いないで、書きましょう。

(2) 『スイミー』を読んで「おもしろいな」と思ったところを、三十文字いないで、書きましょう。

(3) (れい) をさんこうに、『スイミー』をしょうかいする文しょうを書きましょう。うすい文字はなぞりましょう。

(れい) 『スイミー』には、～（とうじょうじんぶつを三人えらんで書く）などが出てきます。

このお話は、～（(1)をさんこうに書く）お話です。

わたしは、『スイミー』を読んで、～（(2)をさんこうに書く）がおもしろいと思いました。

『スイミー』には、

お手紙

アーノルド＝ローベル／作・絵　みき　たく／訳

六時間計画

分析の視点	準備物
登場人物 主役 主役の変化	特になし

指導計画

第一時　範読・音読
第二時　登場人物、主役の検討（シート①）
第三時　気持ちの変化を考える（シート②）
第四時　音読劇の準備（シート③）
第五、六時　音読劇

各時間の指導略案（主な指示・発問・説明）

第二時

(1) シート①を配布する
(2)「登場人物をすべて書きなさい」
(3)「最初から最後まで出てくるのは、がまくんですか。かえるくんですか」
(4)「会話文が多く書かれているのはどちらですか」
(5)「気持ちが大きく変わるのはどちらですか」
(6)「主役はどちらですか」
(7) グループで話し合わせます
(8)「グループで出された意見を発表しなさい」

第三時

(1) シート②を配布する
(2)「がまくんとかえるくんの気持ちは、最初と最後でどのように変わりましたか」
(3)「二人はなぜ、とても幸せな気持ちになったのでしょうか」
(4)「がまくんの気持ちが変わったのはどの文でしょうか。（れい）を参考に、理由も書きなさい」
(5) グループで話し合わせます
(6)「グループで出された意見を発表しなさい」

第四時

(1) シート③を配布する
(2)「どの役になって音読劇をするのか、グループで話し合って決めなさい（がまくん、かえるくん、かたつむりくん、ナレーター）」
(3)「工夫して音読するところを書きなさい」
(4)「三つのことについて、音読劇の目標を決めなさい」
(5)「音読劇の練習をしなさい。一回終わったら、〇を一つ塗りなさい」

「解答モデル（解答例）」

シート①

(1) 略
(2) かえるくん　がまくん　かたつむりくん
(3) かえるくん
(4) がまくん
(5) がまくん
(6) わたしは、『お手紙』のしゅやくはかえるくんだと考えます。なぜなら、さいしょからさいごまでずっと出ているからです。

シート②

(1) はじめ
・かなしい気分
おわり
・とてもしあわせな気もち
(2) がまくん
・かえるくんがお手紙を書いてくれたから。
かえるくん
・がまくんからとてもいいお手紙だと言われたから。
(3)
[1]「だって、ぼくが、きみに　お手紙出したんだもの。」「きみが。」「ああ」「とてもいいお手紙だ。」など
[2] わたしは、「だって、ぼくが、きみに　お手紙出したんだもの」という文でがまくんの気もちがかわったと考えます。なぜなら、生まれて初めてお手紙がもらえると分かったからです。

シート③

(1) かえるくん
(2) **「きっと来るよ。」**
・少し大きな声で読む。
・がまくんの目を見る。
「だって、ぼくが、きみにお手紙出したんだもの。」
・ちょっとはずかしそうな声
・手を前にくんで、もじもじする。
「ぼくは、こう書いたんだ。『親愛なる　がまがえるくん。ぼくは、きみがぼくの親友であることを、うれしく思っています。きみの親友、かえる。』」
・やさしい声
・がまくんの方をしっかりと見る。
(3) **声のくふう**
・いつも友だちとお話するように読む。
うごきのくふう
・大きくゆっくりうごく。
そのほかのくふう
・ほかの子のせりふをよくきいて、つぎのせりふを読む。

お手紙①

名前（　　　　）

とうじょうじんぶつとしゅやくについて考えましょう。

(1) とうじょうじんぶつとは、つぎのように考えられます。うすい文字をなぞりましょう。

とうじょうじんぶつとは、お話の中で話したり、うごいたり、考えたりする人やどうぶつやもの。お話をげきにしたとき、やくがひつようになる。

(2) 『お手紙』のとうじょうじんぶつを書きましょう。

(3) お話のさいしょからさいごまで、ずっと出ているのはがまくんでしょうか。かえるくんでしょうか。

(4) 会話文がおおく書かれているのは、がまくんでしょうか。かえるくんでしょうか。

(5) お話のさいしょとさいごで、気もちが大きくかわるのは、がまくんでしょうか。かえるくんでしょうか。

(6) 『お手紙』のしゅやくは、がまくんでしょうか。かえるくんでしょうか。
（れい）をさんこうに書きましょう。

（れい）わたしは、『お手紙』のしゅやくは（がまくん／かえるくん）だと考えます。
なぜなら、～だからです。

◎とうじょうじんぶつとしゅやくについて考えることができました。

お手紙②

名前（　　　　）

がまくんとかえるくんの気もちのへんかについて考えましょう。

(1) がまくんとかえるくんは、はじめはどんな気分で、おわりはどんな気もちになったのでしょうか。うすい文字はなぞりましょう。

はじめ　気分

おわり　気もち

ほかにも、がまくんは、お話のはじめに「かなしい時」「ふしあわせな気もち」などと書かれていますね。

(2) がまくん、かえるくんは、なぜ、とてもしあわせな気もちになったのでしょうか。「～から。」という文で書きましょう。

がまくん

かえるくん

(3) がまくんの気もちがかわったのはどこの文でしょうか。

1 きょうかしょから書きうつしましょう。

2 （れい）をさんこうに、その文をえらんだりゆうを書きましょう。

（れい）わたしは、「～」という文でがまくんの気もちがかわったと考えました。
なぜなら～だからです。

◎気もちのへんかについて考えることができました。

お手紙③

名前（　　　　）

音読げきにむけて、れんしゅうをしましょう。

⑴どのやくになって音読げきをするのか書きましょう。

⑵じぶんのやくで、くふうして音読するところを書きましょう。

会話文	どのような声で読むのか	どのようなうごきをつけるか

⑶つぎのことについて、音読げきのもくひょうをきめましょう。

声のくふう	
うごきのくふう	
そのほかのくふう	

⑷音読げきのれんしゅうをしましょう。一回れんしゅうしたら、○を一つぬりましょう。

①②③④⑤⑥⑦⑧⑨⑩

みきのたからもの　七時間計画

はちかい　みみ／作　しばた　ケイコ／絵

分析の視点　あらすじ（要約）

準備物　拡大したシート

指導計画

第一時　音読・学習計画を立てる（シート①）
第二時　あらすじをまとめる（シート②）
第三時　みきが初めて見たものを確かめる（シート③）
第四五時　登場人物の様子を読み取る（シート④）
第六時　紹介する文章を書く（シート⑤）
第七時　文章を読み合う

各時間の指導略案（主な指示・発問・説明）

第二時

(1) シート②を配布する
(2)「お話のあらすじをまとめます。場面ごとに音読しなさい」
(3)「一～五の場面にだれが出てきたのか、表に書き込みなさい」
・場面ごとに登場人物を書かせます
・黒板に拡大したシートを貼り、一緒に書いていきます
(4)「場面ごとに、何をしたのか、どんなできごとが起こったのか、まとめなさい」
(5)「発表しなさい」

第三時

(1) シート③を配布する
(2)「みきが初めて見たもののようすについて、考えましょう」
(3)「みきが初めて見たものは何ですか」
(4)「(1)で書いたものがどんな様子なのか、お話から分かることや想像したことを書きなさい」
(5)「発表しなさい」

第四時

(1) シート④を配布する
(2)「場面ごとに、みきやナニヌネノンの気持ちや様子を考えましょう」
(3)「みきや、ナニヌネノンのしたことや言ったことが書かれているところに、線を引きなさい」
(4)「第一場面のみきの気持ちを考えて書きなさい」
・以下場面ごとにまとめさせます
(5)「発表しなさい」

「解答モデル（解答例）」

シート①

(1)
・ナニヌネノンが石をあげるところ。
・ナニヌネノンのうちゅうせんが、マヨネーズのようきみたいな形だったところ。
・ポロロン星の石から、ポロロン星の音がきこえたところ。

(2)（例）ようすをおもいうかべながら読み、すきなところがつたわるように、おはなしをしょうかいしよう。

(3)（例）

時間	学しゅうすること
1	めあてを考える。学習計画を立てる。
2	あらすじをまとめる。
3	みきが初めて見たもののようすを考える。
4 5	登場人物の様子を読み取る。
6	紹介する文章を書く。
7	文章を読み合う。

シート②

(1)

	だれが	何をしたか　どんなできごとがおこったか
一	みき	トランプのカードのようなものをひろった。
二	みき ナニヌネノン	ナニヌネノンにカードをわたした。 ナニヌネノンを見おくろうと思った。 カードをみきからうけとって、ポロロン星に帰ろうとした。
三	みき ナニヌネノン	オレンジ色のリボンをあげた。 ポロロン星の石で、ポロロン星の音を聞いた。 ポロロン星の石をあげた。
四	みき ナニヌネノン	うちゅうひこうしになりたいと思った。 ナニヌネノンを見おくった。 ポロロン星に帰った。
五	みき	ナニヌネノンのことは、だれにも話さなかった。

(2)（例）ある日、みきは、トランプのカードのようなものをひろいます。それは、ナニヌネノンの のりもの のカードでした。ナニヌネノンは、ポロロン星からきたうちゅう人でした。ナニヌネノンは、「見おくりたい」というみきに、ポロロン星の石をわたしました。ナニヌネノンに出会って、みきは、うちゅうひこうしになるというゆめができました。

シート③

(1)
のりもののカード
ナニヌネノのりもの
ナニヌネノン
ポロロン星の石

202ページに続く

みきのたからもの①

名前（　　　　）

めあて　『みきのたからもの』を読み、学しゅうのめあてをきめよう。

(1)『みきのたからもの』を読み、「いいな」「おもしろいな」「ふしぎだな」と思ったところを書きましょう。

いいな	おもしろいな	ふしぎだな

(2)学しゅうのめあてを書きましょう。

(3)学しゅうけいかくを立てましょう。

時間							
学しゅうすること							

みきのたからもの②

名前（　　　　）

めあて　お話のあらすじをまとめよう。

(1)「だれ」が「何をしたのか」「どんなできごとがおこったか」ばめんごとにまとめましょう。

	一	二	三	四	五
だれが					
何をしたか　どんなできごとがおこったか					

(2)お話のあらすじを書きましょう。

みきのたからもの③

名前（　　　　）

めあて　みきが、はじめて見たもののようすを　思いうかべよう。

(1) みきがはじめて見たものは何ですか。

(2) (1)で書いたものがどのようなようすなのか、お話から分かることや、そうぞうしたことを書きましょう。

カードの
イラスト

宇宙船の
イラスト

宇宙船に乗る
ナニヌネノンの
イラスト

ポロロン星の
石のイラスト

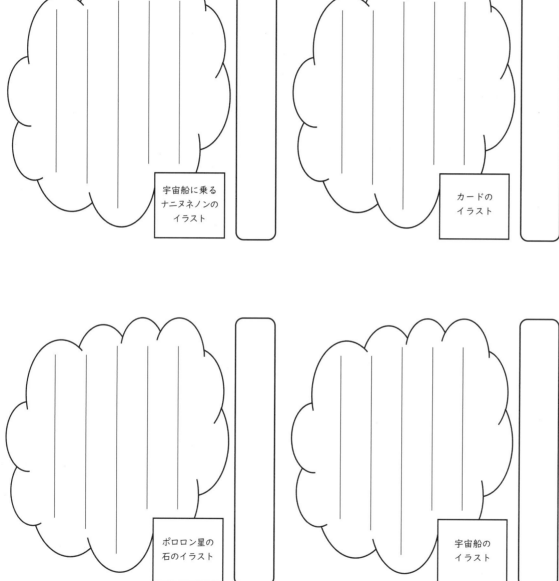

みきのたからもの④

名前（　　　　）

めあて　場めんごとに、みきやナニヌネノンのようすを読みとり、気もちを考えよう。

(1)「みき」や「ナニヌネノン」がしたことや言ったことが書かれているところに、線を引きましょう。
また、そのようにした理由や、言い方、ようすを書きこみましょう。

(2)「みき」や「ナニヌネノン」の気もちを、場めんごとにまとめましょう。

	一	二	三	四	五
みき					
ナニヌネノン					

みきのたからもの⑤

名前（　　　　）

めあて　場めんごとに、みきやナニヌネノンのようすを読みとり、気もちを考えよう。

(1)お話のすきなところはどこですか。話し合いましょう。

(2)（れい）をさんこうに、お話をしょうかいする文しょうを書きましょう。

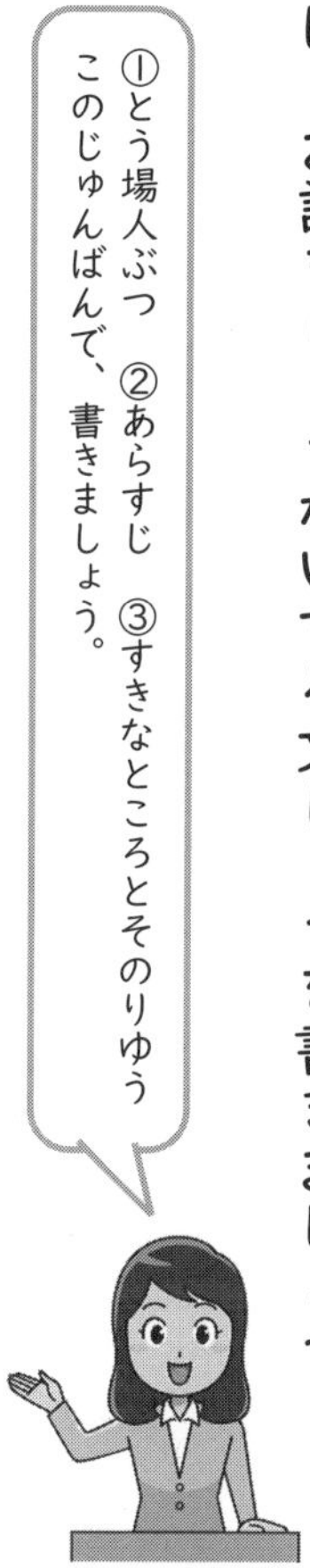
①とう場人ぶつ　②あらすじ　③すきなところとそのりゆう
このじゅんばんで、書きましょう。

（れい）

「みきのたからもの」は、みきとナニヌネノンが出てくるお話です。

ある日、みきは、トランプのカードのようなものをひろいます。それは、ナニヌネノンののりもの　のカードでした。ナニヌネノンは、ポロロン星からきたうちゅう人でした。ナニヌネノンは、「見おくりたい」というみきに、ポロロン星の石をわたしました。ナニヌネノンに出会って、みきは、うちゅうひこうしになるというゆめができました。

わたしがすきなのは、みきがナニヌネノンを見おくったあと、石をぎゅっとにぎるところです。みきのさびしい気もちと、うちゅうひこうしになるという強いきもちがつたわってくるからです。

スーホの白い馬 六時間計画

おおつか　ゆうぞう／作　リー＝リーシアン／絵

分析の視点
登場人物
主役
クライマックス

準備物
画像　馬頭琴
遊牧民の暮らし

指導計画

第一時　範読・音読
第二時　登場人物、主役の検討（シート①）
第三時　場面分け（シート②）
第四時　人物の行動や心情を考える（シート③）
第五時　クライマックスの検討（シート④）
第六時　白馬が帰ってきたことはよかったのか考える（シート⑤）

各時間の指導略案（主な指示・発問・説明）

第二時

(1)シート①を配布する
(2)薄い文字をなぞらせ、登場人物を書かせます
(3)「主役は誰ですか」
(4)「理由を（れい）を参考に書きなさい」

第三時

(1)シート②を配布する
(2)「教科書、場面が変わるところに線を入れて区切りなさい」（第一場面で例示をする）
(3)発表させて、場面分けを確定します
(4)「それぞれの最初の一文を書き写しなさい」

第四時

(1)シート③を配布する
(2)「場面ごとの登場人物のしたことや言ったことを書き、その時の様子や気持ちを書きなさい」
(3)時間で区切り、グループで発表させます

第五時

(1)シート④を配布する
(2)「クライマックスはどの段落でしょうか」
(3)「理由を（れい）を参考に書きなさい」
(4)グループで話し合わせます
(5)「グループで出された意見を発表しなさい」

第六時

(1)シート⑤を配布する
(2)「スーホのもとに白馬が帰ってきたことは、スーホにとってよいことでしたか。よいことではなかったですか。」
(3)「理由を（れい）を参考に書きなさい」
(4)グループで話し合わせます
(5)「グループで出された意見を発表しなさい」

「解答モデル（解答例）」

シート①

(1)略
(2)スーホ、おばあさん、近くにすむひつじかいたち、白馬、とのさま、家来
(3)スーホ
(4)わたしは、『スーホの白い馬』のしゅやくはスーホだと考えます。
だい一に、題名にスーホと書いてあるからです。
だい二に、お話の中で一ばんせりふがおおいからです。
だい三に、お話のさいしょからとうじょうしているからです。
よって、わたしは、『スーホの白い馬』のしゅやくはスーホだと考えるのです。

シート②

ないよう	だんらく	さいしょの一文
スーホと白馬の出会い	⑦⑧⑨⑩⑪⑫	ある日のことでした。
白馬がひつじをまもる	⑬⑭⑮⑯	あるばんのこと、ねむっていたスーホは、はっと目をさましました。
白馬がとのさまにとりあげられる	⑰⑱⑲⑳㉑㉒㉓㉔㉕	ある年の春、草原いったいに、知らせがつたわってきました。
白馬がにげ出す	㉖㉗㉘㉙㉚㉛	すばらしい馬を手に入れたとのさまは、まったくいい気もちでした。
白馬が帰ってくる	㉜㉝㉞㉟㊱	そのばんのことです。
馬頭琴を作る	㊲㊳㊴㊵㊶	かなしさとくやしさで、スーホはいくばんもねむれませんでした。

シート③

白馬がひつじをまもる

①略
②白馬の体をなでながら話しかけた。
①スーホのだいじなひつじを守らないと。
②よくやってくれた。これからはずっといっしょだからあんしんして。

白馬がとのさまにとりあげられる

①スーホは、かっとなって、むちゅうでいいかえした。
②とのさまがどなり立て、家来たちが、いっせいに、スーホにとびかかった。
①馬をうりにきたんじゃない。
②わたしにさからうなんて。

202ページに続く

スーホの白い馬①

名前（　　　　　）

とうじょうじんぶつとしゅやくについて考えましょう。

(1) とうじょうじんぶつとは、つぎのように考えられます。うすい文字をなぞりましょう。

とうじょうじんぶつとは、お話の中で、話したり、うごいたり、考えたりする人やどうぶつやもの。お話をげきにしたとき、やくがひつようになる。

(2) 『スーホの白い馬』のとうじょうじんぶつを書きましょう。

(3) 『スーホの白い馬』のしゅやくはだれでしょうか。

(4) (3)のように考えたりゆうを（れい）をさんこうに書きましょう。

（れい）わたしは、『スーホの白い馬』のしゅやくは〜だと考えます。
だい一に、〜（りゆうを書く）からです。
だい二に、〜（りゆうを書く）からです。
だい三に、〜（りゆうを書く）からです。
よって、わたしは、『スーホの白い馬』のしゅやくは〜だと考えるのです。

◎とうじょうじんぶつとしゅやくについて考えることができました。

スーホの白い馬②

名前（　　　　　）

『スーホの白い馬』をばめん分けしましょう。

書かれているないようを考えて、ばめん分けをしましょう。

1 ないようにあわせて、だんらくを書きましょう

2 さいしょの一文を書きうつしましょう。

ないよう	だんらく	さいしょの一文
スーホが白馬と出会う	⑦⑧⑨⑩⑪⑫	ある日のことでした。
白馬がひつじをまもる		
白馬がとのさまにとりあげられる		
白馬がにげ出す		
白馬が帰ってくる		
馬頭琴を作る		

◎ばめん分けについて考えることができました。

スーホの白い馬③

名前（　　　）

ばめんごとに、とうじょうじんぶつのこうどうや、そのときのようすや気もちを書きましょう。

とうじょうじんぶつのしたことや、言ったことを書きましょう。また、そのときの、じんぶつのようすや気もちをそうぞうして書きましょう。うすい文字はなぞりましょう。

場めん	じんぶつのしたことや言ったこと	そのときの、じんぶつのようすや気もち
スーホが白馬と出会う	①スーホが小さな白馬をつれて帰った。 ②スーホが心をこめて白馬のせわをした。	①ほうっておいたらあぶないと思った。 ②元気になってほしいと、いっしょうけんめいせわをした。
白馬がひつじをまもる	①白馬がおおかみからひつじをまもった。 ②	① ②
白馬がとのさまにあげられる		
白馬がにげ出す		
白馬が帰ってくる		
馬頭琴を作る		

◎じんぶつのしたことや言ったこと、またそのときのようすや気もちを書くことができました。

スーホの白い馬④

名前（　　　　）

クライマックスについて考えましょう。

⑴クライマックスとはつぎのようなばめんです。うすい文字をなぞりましょう。

しゅやくの気もちやこうどうが、大きくへんかするばめん。

⑵クライマックスは何だんらくでしょうか。ばんごうを書きましょう。

（　　）だんらく

⑶ ⑵のように考えたりゆうを（れい）をさんこうに書きましょう。

（れい）わたしは、『スーホの白い馬』のクライマックスは○だんらくだと考えます。
だい一に、～（りゆうを書く）からです。
だい二に、～（りゆうを書く）からです。
だい三に、～（りゆうを書く）からです。
よって、わたしは、『スーホの白い馬』のクライマックスは○だんらくだと考えるのです。

◎ものがたりのクライマックスについて考えることができました。

スーホの白い馬⑤

名前（　　　　　　　　）

白馬がスーホのもとに帰ってきたことについて考えましょう。

(1) 白馬がスーホのもとに帰ってきたことは、スーホにとってよいことでしたか。よいことではなかったですか。

帰ってきたことは

(2) (1)のように考えたりゆうを（れい）をさんこうに書きましょう。

（れい）わたしは、白馬がスーホのもとに帰ってきたことは～と考えます。
だい一に、～（りゆうを書く）からです。
だい二に、～（りゆうを書く）からです。
だい三に、～（りゆうを書く）からです。
よってわたしは、白馬がスーホのもとに帰ってきたことは～と考えるのです。

(3) 友だちのいけんを聞いて「なるほど」と思った考えを書きましょう。

◎白馬がスーホのもとに帰ってきたことについて考えることができました。

春風をたどって　七時間計画

如月　かずさ／作　かめおか　あきこ／絵

分析の視点
場面設定
気持ちの変化

準備物
拡大したシート

指導計画

第一時　音読・学習計画を立てる（シート①）
第二時　場面設定とルウの行動をまとめる（シート②）
第三時　ノノンに対するルウの気持ちを考える（シート③）
第四時　森や花畑に対するルウの気持ちを考える（シート④）
第五時　ルウの気持ちの変化を考える（シート⑤）
第六七時　お話の続きを考える　読み合う

各時間の指導略案（主な指示・発問・説明）

第二時

(1)シート②を配布する
(2)「四つの場面について、場所、時、登場人物、ルウの行動に気を付けながら音読しなさい」
(3)「第一場面について、場所、時、登場人物、ルウの行動を表にまとめなさい」
・黒板に拡大したシートを貼り、一緒に書いていきます
(4)「同じように、二〜四場面もまとめなさい」
(5)「発表しなさい」

第三時

(1)シート③を配布する
(2)「ノノンに対するルウの気持ちに着目して音読しなさい」
(3)「ノノンに対する気持ちが書かれているところに線を引きなさい」
・グループで発表させる
(4)「ノノンに対するルウの気持ちを表にまとめなさい」
・黒板に拡大したシートを貼り、一緒に書いていきます
(5)「発表しなさい」

第五時

(1)シート⑤を配布する
(2)「ルウの気持ちの変化をまとめます。これまでのシートを振り返って、書きなさい」
(3)「発表しなさい」

「解答モデル（解答例）」

シート①

(1)・「ルウ」がすてきな景色を見れてよかった。
・海のような花ばたけが素敵だと思った。
(2)（例）ほかにもすてきな景色を見に行きたいな。
(3)（例）言葉に注目して、登場人物の気持ちを考え、物語の続きを想ぞうして、伝え合おう。
(4)

時間	学習内容
1	めあてを考える。学習計画を立てる。
2	物語の設定を考える。
3	「ルウ」の「ノノン」に対する気持ちを考える。
4	「ルウ」の「森」や「花ばたけ」に対する気持ちを考える。
5	「ルウ」の気持ちの変化を考える。
6	物語の続きを想像して書く。
7	書いた物語を読み合う。

シート②

(1)

場面	場所	時	登場人物	「ルウ」の行動
一	高い木のえだ	昼ごはん前	ルウ	たから物のことを思い出している。写真を見ている。
二	地上　森の中　しげみ	昼前	ルウ　ノノン	においをたしかめている。ノノンについていく。
三	花畑	昼下がり	ルウ　ノノン	花ばたけにたどりつく。花ばたけの空気をむねいっぱいにすいこんでいる。
四	すあな	その夜	ルウ	たから物の写真をながめている。ノノンといっしょにすてきな場所をさがしたいと思っている。

(2)略

シート③

(1)略
(2)

場面	一	二	三	四
「ノノン」に対する「ルウ」の気持ち		話しにくい。かすかなにおいを感じるノノンにかん心している。	花ばたけにつれてきてくれて、ありがとう。	いっしょにすてきな場所を見つけにいきたい。

(3)略

203ページに続く

春風をたどって①

名前（　　　　）

めあて　『春風をたどって』を読み、たん元のめあてを決めよう。

(1)『春風をたどって』を読み、思ったことや考えたことをかじょう書きしましょう。

(2)物語の最後で、「ルウ」はどんな気持ちになったでしょうか。

教科書のイラストを貼ってください。

(3)たん元のめあてを書きましょう。

(4)学習計画を立てましょう。

時間	学習内容

春風をたどって②

名前（　　　　）

めあて　場面せっ定と、ルウの行動をたしかめよう。

(1) 四つの場面における「場所」「時」「登場人物」「『ルウ』の行動」を書きましょう。

場面	一	二	三	四
場所				
時				
登場人物				
「ルウ」の行動				

(2) 表を見て、気づいたことや考えたことを話し合いましょう。

春風をたどって③

名前（　　　　）

めあて　ノノンに対するルウの気持ちを考えよう。

(1) 「ノノン」に対する「ルウ」の気持ちが分かるところに線を引きましょう。
また、その時の気持ちを書きこみましょう。

次の言葉に着目しよう。
・気持ちをそのまま表す言葉（「声をかけづらい」など）
・したことや言ったことを表す言葉（「びっくりして」など）
・場面の様子を表す言葉（「さわやかな花のかおりにつつまれて」など）

(2) 「ノノン」に対する「ルウ」の気持ちをまとめましょう。

場面	一	二	三	四
	場面のイラストを貼ってください。			
「ノノン」に対する「ルウ」の気持ち				

(3) 表を見て、気づいたことや考えたことを話し合いましょう。

春風をたどって④

名前（　　　　）

めあて　「森や花ばたけ」に対する、ルウの気持ちを考えよう。

(1)「森や花ばたけ」に対する「ルウ」の気持ちが分かるところに線を引きましょう。また、その時の気持ちを書きこみましょう。

次の言葉に着目しよう。
・気持ちをそのまま表す言葉（「わくわくしながら」など）
・したことや言ったことを表す言葉（「ノノンは、こんなかすかな～」など）
・場面の様子を表す言葉（「さわやかな花のかおり」など）

(2)「森や花ばたけ」に対する「ルウ」の気持ちをまとめましょう。

場面	一	二	三	四
	場面のイラストを貼ってください。			
「森」に対する「ルウ」の気持ち				
「花ばたけ」に対する「ルウ」の気持ち				

(3)表を見て、気づいたことや考えたことを話し合いましょう。

春風をたどって⑤

名前（　　）

めあて　ノノンや見なれた森に対する、ルウの気持ちのへん化を考えよう。

(1)「ルウ」の気持ちのへん化を考えましょう。

（一）「ノノン」に対する気持ちのへん化。

はじめ

きっかけ

おわり

（二）「森」に対する気持ちのへん化。

はじめ

きっかけ

おわり

(2)考えたことをグループでつたえ合いましょう。

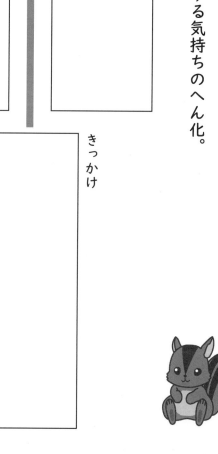

まいごのかぎ

斉藤倫／作　陣崎草子／絵

六時間計画

分析の視点
主役の変化

準備物
特になし

指導計画

第一時　範読・音読、意味調べ（ノート）
第二時　場面ごとに内容をまとめる（シート①）
第三時　主人公の変化を考える（シート②）
第四時　まいごのかぎの意味を考える（シート③）
第五時　かぎをさしたい場所を考える（シート④）
第六時　感想文を書く（シート⑤）

各時間の指導略案（主な指示・発問・説明）

第二時
(1) シート①を配布する
(2) 「場面ごとに、三つの内容についてまとめなさい。薄い文字はなぞりなさい」
(3) 第二場面を書き終わった児童に発表させます
(4) すべて書き終わった児童に発表させます

第三時
(1) シート②を配布する
(2) 「りいこの考え方の変化を書きなさい」
(3) 「一番影響を与えたのはどの出来事でしょうか」
(4) 「理由を書きなさい」
(5) 「グループで話し合いなさい」

第四時
(1) シート③を配布する
(2) 「かぎをさしたことにより、どうなったのか書きなさい」
(3) 「共通点を書きなさい」
(4) 「かぎに名前を付けなさい」
(5) 「グループで発表しなさい」

第五時
(1) シート④を配布する
(2) 「前回の学習で付けたかぎの名前を書きなさい」
(3) 「どこにさしたいか、またどんなことがおこるのか書きなさい」
(4) 「一つ決めて、何が起こるのか書きなさい」
(5) 「グループで発表しなさい」

第六時
(1) シート⑤を配布する
(2) 「かぎをさしてみたいところを書きなさい」
(3) 「文の書き方に従って、感想文を書きなさい」
(4) 「書き終わった人同士集まって、読み合いなさい」

「解答モデル（解答例）」

シート①
(1) 一　略
二　木がぶるっとふるえて、つぼみがついてふくらみ、どんぐりをふらせた。
悲鳴をあげる。あわててかぎをぬいた。
三　緑色のベンチの手すりにかぎをさした。
ベンチは、のそのそと歩き出し、公園のまん中の日だまりにねそべった。
びっくりして見ていたが、しのびよるとかぎをぬきとった。
ためいきを一つついて公園を後にした。
四　あじの開きにかぎをさした。
あじの開きは、小さなかもめみたいに、はばたきはじめ、ふわふわとうかび上がった。
あわててとびつき、かぎを引きぬいた。
悲しくなった。
五　前半　バスていのかんばんにかぎをさした。
数字が、ありのように、ぞろぞろ動き出した。
目をかがやかせた。でも、すぐに、わくわくした自分がいやになった。
五　後半　バスが十何台も、おだんごみたいにぎゅうぎゅうになって、やって来た。
かぎをぎゅっとにぎりしめて、立ちすくんでしまった。目をぱちぱちしながら、そのダンスに見とれていた。はっと気づいたのである。

シート②
(1) はじめ　びっくりした（よけいなことをした）
おわり　うれしくなった。
(2) ④バスの時こく表にかぎをさしたこと。
(3) バスが楽しそうにダンスしているように見えたから。

シート③
(1) 緑のベンチ　四本の足をのばし、大きな犬のようにせなかをそらした。公園のまん中の日だまりにねそべり、ねいきを立てはじめた。
あじの開き　小さなかもめみたいに、はばたきはじめて、目の前でうかび上がった。
バスていのかんばん　時こく表の数字がぞろぞろと動き、バスが十何台もやって来た。
(2) かぎをさすことによって、そのものがしたいことを叶えるように動き出す。
(3) 命をふきこむ。

203ページに続く

まいごのかぎ①

名前（　　　　）

場面ごとに書かれていることをまとめましょう。

場面ごとに「りいこがしたよけいなこと」「何がおきたのか」「その時のりいこの気もちや様子が分かる言葉や文」を書きましょう。うすい文字はなぞりましょう。

場面	一	二	三	四	五 前半	五 後半
よけいなこと	こうしゃの絵の手前に、かわいいうさぎをつけ足した。	さくらの木にかぎをさした。				
何がおきたのか	友だちが、くすくすわらった。					
りいこの様子や気持ち	・はずかしくなって ・白い絵の具をぬって、うさぎをけしました。					

◎場面ごとに書かれていることをまとめることができました。

まいごのかぎ②

名前（　　　　）

りいこのへんかを考えましょう。

(1) ふしぎな出来事にたいするりいこの考え方は、はじめとおわりでどのようにへんかしましたか。

はじめ

おわり

(2) りいこの考え方のへんかに一番えいきょうをあたえたのはどの出来事でしょうか。えらんで書きましょう。

①さくらの木にかぎをさしたこと
②ベンチにかぎをさしたこと
③あじの開きにかぎをさしたこと
④バスの時こく表にかぎをさしたこと

番号

(3) なぜその出来事をえらんだのか、理由を書きましょう。

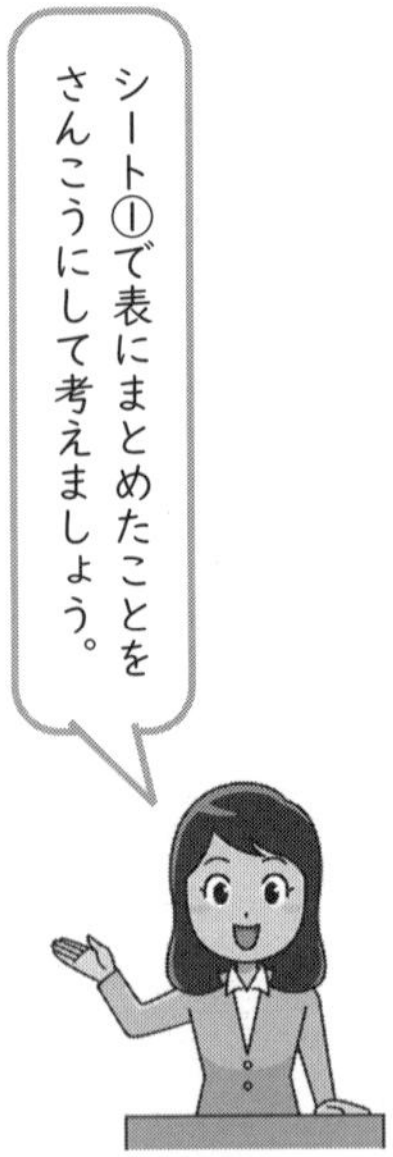
シート①で表にまとめたことをさんこうにして考えましょう。

◎りいこのへんかを考えることができました。

まいごのかぎ③

名前（　　　　　　）

「まいごのかぎ」がもつ意味を考えましょう。

(1) かぎをさしたことによってどうなったのか、ふりかえりましょう。

どこにかぎをさしたか	何がおきたのか
さくらの木	えだの先に、みるみるたくさんのつぼみがついて、ふくらんだ後、どんぐりがふってきた。

(2) 右の四つの出来事にきょうつうすることを考え、かぎをさすことによって、どうなるのか書きましょう。

かぎをさすことによって、

(3) (2)で考えたことをもとに、かぎに名前を付けましょう。「～かぎ」という書き方で書きましょう。

かぎ

「まいごのかぎ」が話の中で、大切なやくわりをはたしていますね。

◎「まいごのかぎ」がもつ意味を考えることができました。

まいごのかぎ④

名前（　　　　　　）

かぎをさしたい場所と何がおきるかを考えましょう。

前回の学習でつけた名前　［　　　　　　］かぎ

(1) あなたが「まいごのかぎ」をひろったら、どこにさしてみたいですか。
また、何がおきるでしょうか。（れい）をさんこうにいくつか書きましょう。

どこにかぎをさすのか	何がおきるのか
（れい）自転車	水の上を自由に走りだす

(2) かぎをさしてみたいところを一つ決めて、書きましょう。

［　　　　　　　　　　］

(3)「何がおきるのか」をくわしく書きましょう。

今日考えたことをもとに、次回は感想文を書きましょう。

◎どこにかぎをさしてみたいか、また何がおきるのかを考えることができました。

まいごのかぎ⑤

名前（　　　　）

学習したことをもとに、感想文を書きましょう。

前回の学習で決めた、かぎをさしてみたい場所

どこにかぎをさすのか	何がおきるのか

次の文の書き方にしたがって『まいごのかぎ』の感想文を書きましょう。

『まいごのかぎ』は、りいこがいろいろなところにかぎをさすことによって、ふしぎなことがおこる話です。

たとえば～（れい　ベンチ）が～（れい　のそのそと歩き出し、公園のまん中の日だまりにねそべり、ねいきを立てはじめ）ます。わたしはこのかぎに、～（れい　自由のかぎ）という名前を付けました。

わたしがこのかぎを手に入れたら～（れい　自転車）にさしたいです。

きっと（れい　自転車）は～（れい　水の上を走りだす）と思います。

わたしは～（れい　こんなかぎが本当にあったら楽しいと）思います。

◎学習したことをもとにして、感想文を書くことができました。

ちいちゃんのかげおくり　六時間計画

あまん　きみこ／作　上野　紀子／絵

分析の視点
要約

準備物
画像　防空壕　ざつのうなど

指導計画

第一時　範読・音読
第二時　意味調べなど（シート①）
第三時　場面ごとの要約（シート②）
第四時　第一場面と第四場面の比較（シート③）
第五時　第五場面の役割の検討（シート④）
第六時　感じたことをまとめる（シート⑤）

各時間の指導略案（主な指示・発問・説明）

第二時
(1) シート①を配布する
(2)「意味調べをしなさい」
(3)「辞書を作る人になったつもりで、意味を書きなさい」
(4)「意味を書き、違いを考えなさい」

第三時
(1) シート②を配布する
(2)「第一場面で重要な言葉、三つに線を引きなさい」
(3) 発表させ、確定します。同様に、ほかの場面もキーワードを確定していきます
(4)「キーワードを書き写しなさい」
(5)「条件に従って、内容を短くまとめなさい」

第四時
(1) シート③を配布する
(2)「第一場面と第四場面のかげおくりについて、分かることをかじょう書きしなさい」
(3)「同じところと違うところを書きなさい」
(4)「一番重要な違いを書きなさい」

第五時
(1) シート④を配布する
(2)「第五場面の町の様子の変化をかじょう書きしなさい」
(3)「第四、第五場面で似ている表現を探しなさい」
(4)「第五場面があるのとないのとではどう違うでしょうか」
(5)「グループで話し合いなさい」

第六時
(1) シート⑤を配布する
(2)「どんな話だと思うか、短く書きなさい」
(3)「（れい）を参考に理由を書きなさい」
(4)「グループで発表しなさい」

「解答モデル（解答例）」

シート①
(1) 略
(2) 青　空の色
やくそく　他の人とこれからすることを決めること
かげおくり　空にかげをおくる遊び
(3) 言う　言葉で表す　話す
つぶやく　小さい声で、独り言を言う
たずねる　聞く　質問する
見る　目を向ける　ながめる　見学する
見つめる　一つのものをいつまでも見る
目を落とす　下を向く　うつむく

シート②
(1)
一かげおくり・記念写真・ちいちゃん
二はぐれる・ひとりぼっち・ちいちゃん
三ぼうくうごう・ねむり・ちいちゃん
四空色の花ばたけ・命・ちいちゃん
(2)
一家族四人で記念写真のかげおくりをするちいちゃん。
二お母さん、お兄ちゃんとはぐれ、ひとりぼっちになるちいちゃん。
三家をなくし、一人ぼうくうごうの中でねむるちいちゃん。
四命をなくし、空色の花ばたけで家族と再会するちいちゃん。

シート③
(1) 第一場面
・家族四人でかげぼうしを作って、大きな記念写真にしている。
・お父さんがいくさに行き、お兄ちゃんと二人でかげおくりをして遊ぶようになった。
・いくさがはげしくなり、かげおくりができなくなった。
第四場面
・ちいちゃんが一人でかげおくりしている。
・おかあさんとお兄ちゃんの声もふってきて、かさなった。
・白いかげが四つできた。
(2) 同じところ
・四つのかげが空にできた
・一から十まで数えていること、など
ちがうところ
・第一場面では、家族でかげおくりをしたが、第四場面ではちいちゃん一人でした
・声が重なる順番
・第四場面では、かげおくりをした後、ちいちゃんが命をなくしている　など
(3) ちいちゃんが命をなくしていること

203ページに続く

ちいちゃんのかげおくり①

名前（　　　　）

『ちいちゃんのかげおくり』に出てくる言葉について考えましょう。

(1) 言葉の意味調べをしましょう。

言葉	意味
先祖	
かげぼうし	

(2) 辞書をつくる人になったつもりで、次の言葉の意味を書きましょう。

青	
やくそく	
かげおくり	

(3) 次の言葉について、それぞれの意味を書き、ちがいを考えましょう。

「言う」「つぶやく」「たずねる」

「言う」	
「つぶやく」	
「たずねる」	

「見る」「見つめる」「目を落とす」

「見る」	
「見つめる」	
「目を落とす」	

◎『ちいちゃんのかげおくり』に出てくる言葉について考えることができました。

ちいちゃんのかげおくり②

名前（　　　　　　）

第一場面から第四場面の内容を短くまとめましょう。

(1) 第一場面から第四場面で大切な言葉（キーワード）を三つずつ書きましょう。

一	二	三	四

(2) それぞれの場面を次のじょうけんで、短くまとめましょう。

・文字数は「、」「。」もふくめ、三十文字以内とします

・文の最後は「～ちいちゃん。」とします

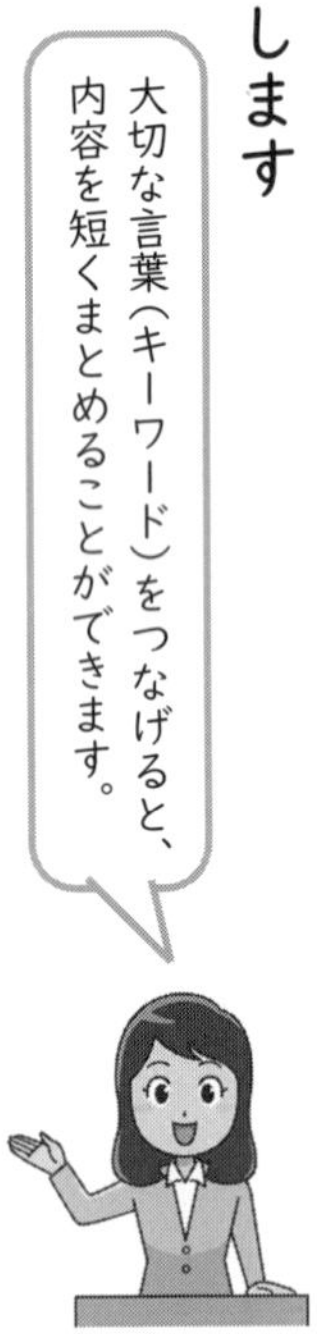
大切な言葉（キーワード）をつなげると、内容を短くまとめることができます。

一	二	三	四

◎場面ごとに内容を短くまとめることができました。

ちいちゃんのかげおくり③

名前（　　　　）

第一場面と第四場面のかげおくりについて考えましょう。

(1) 第一場面と第四場面のかげおくりについて、分かることをかじょう書きで表に書きましょう。うすい文字はなぞりましょう。

第一場面	第四場面
・お父さんに教えてもらった。	・お父さんの声が、青い空からふってきた。

(2) 第一場面と第四場面のかげおくりについて、同じところとちがうところを書きましょう。

同じところ

ちがうところ

(3) ちがうところの中で、話の中で一番大切なちがいはなんでしょうか。

◎第一場面と第四場面のかげおくりについて考えることができました。

ちいちゃんのかげおくり④

名前（　　　）

第五場面に書かれている様子を読み取り、物語の中でのやくわりを考えましょう。

(1)第五場面では、町の様子はどのようにかわりましたか。かじょう書きしましょう。うすい文字はなぞりましょう。

・前よりもいっぱい家がたっている。

(2)なぜ町はこのように変わったのでしょうか。

(3)第四場面と第五場面にはにている表現があります。それぞれ十二文字で書きましょう。

四

五

(4)第五場面があるのとないのとでは、どうちがうでしょうか。(1)〜(3)で書いたことをもとに考え、書きましょう。

◎第五場面に書かれている様子を読み取り、物語の中でのやくわりを考えることができました。

ちいちゃんのかげおくり⑤

名前（　　　　）

『ちいちゃんのかげおくり』について感じたことを書きましょう。

(1) 『ちいちゃんのかげおくり』はどんな話だと考えますか。「切ない」「温かい」など短い言葉で書きましょう。

［　　　　］話

(2) (1)のように考えた理由を、（れい）をさんこうに書きましょう。

（れい）わたしは、『ちいちゃんのかげおくり』は～話だと考える。

なぜか。

第一に、～（理由を書く）からだ。

第二に、～（理由を書く）からだ。

第三に、～（理由を書く）からだ。

このような理由から、わたしは、『ちいちゃんのかげおくり』は～話だと考えるのである。

◎『ちいちゃんのかげおくり』について感じたことが書けました。

三年とうげ

李 錦玉／作　朴 民宣／絵

六時間計画

分析の視点
設定　要約
主題

準備物
画像　ふでりんどう
がまずみなど

指導計画

第一時　範読・音読、意味調べ
第二時　設定の読み取り（シート①）
第三時　場面要約（シート②）
第四時　主役の変化、主題の検討（シート③）
第五時　「三年とうげ」の紹介文を書く（シート④）
第六時　民話や昔話の紹介文を書く（シート⑤）

各時間の指導略案（主な指示・発問・説明）

第二時

(1) シート①を配布する
(2)「『三年とうげ』について分かることをかじょう書きしなさい」
(3)「言い伝えを書き写しなさい」
(4)「登場人物をすべて書きなさい」

第三時

(1) シート②を配布する
(2)「二の場面で大切な言葉を三つ選び、線を引きなさい」
（教科書に引かせる）
(3) 発表させ、キーワードを確定させます
(4) その他の場面も同様に線を引かせます
(5)「キーワードをシートに書き写しなさい」
(6)「条件に沿って場面の内容を短くまとめなさい」

第四時

(1) シート③を配布する
(2)「おじいさんの変化を書きなさい」
(3) 薄い文字をなぞらせます
(4)「主題は何ですか。理由も書きなさい」

第五時

(1) シート④を配布する
(2)「『三年とうげ』の話を短くまとめなさい」
(3) 教科書に線を引かせ、一番面白いところを選ばせます
(4)「(れい)を参考に、紹介文を書きなさい」
(5) 早く書き終わった児童同士で交流させます

第六時

(1) シート⑤を配布する（本は事前に選ばせておく）
(2) 浦島太郎の例文を読ませます
(3)「(れい)を参考に、民話や昔話の紹介文を書きなさい」
(4) 早く書き終わった児童同士で交流させます

「解答モデル（解答例）」

シート①

・春には、すみれ、たんぽぽ、ふでりんどうが、とうげからふもとまでさきみだれた
・れんげつつじのさくころは、だれだってため息の出るほど、よいながめだった
・秋には、かえで、がまずみ、ぬるでの葉が、とうげからふもとまで美しく色づいた。
・白いすすきの光るころは、だれだってため息の出るほど、よいながめだった
・昔からの言い伝えがあった

(2)「三年とうげで　転ぶでない。
三年とうげで　転んだならば、
三年きりしか　生きられぬ。
長生きしたけりゃ　転ぶでないぞ。
三年とうげで　転んだならば、
長生きしたくも　生きられぬ」

(3) おじいさん・おばあさん・お医者・村の人たち・水車屋のトルトリ

シート②

(1)
二　三年とうげ・転んで・おじいさん
三　トルトリ・もう一度転ぶんだよ・おじいさん
四　わざと・長生き・おじいさん

2
二　三年とうげで転んでしまい、病気になったおじいさん。
三　トルトリに「もう一度転ぶんだよ」と言われたおじいさん。
四　三年とうげでわざと転び、元気になって長生きしたおじいさん。

シート③

(1)
はじめ　三年とうげで転び、病気になった
おわり　三年とうげでわざと転び、病気がなおった
おじいさんをかえたもの（こと）
トルトリの話
(2) 略
(3) 略
(4) 気持ちが大切
(5) わたしは、『三年とうげ』の主題は「気持ちが大切」だと考える。なぜなら、三年とうげで転んだおじいさんは、古い言い伝えを良い方に考えて長生きをしたからだ。

シート④

(1) おじいさんが三年とうげで何度も転び、長生きした話。
(2) 略
(3) 七十五ページ十行目から七十五ページ十二行目「もう、わしの病気はなおった。～わらいました。

203ページに続く

三年とうげ①

名前（　　　　）

『三年とうげ』のせっていを読み取りましょう。

(1) 「三年とうげ」はどんな場所でしょうか。かじょう書きで書きましょう。うすい文字はなぞりましょう。

・あまり高くない、なだらかなとうげ

(2) 「三年とうげ」に昔からあった言い伝えを書き写しましょう。うすい文字はなぞりましょう。

「三年とうげで　転ぶでない。

(3) 『三年とうげ』に出てくる登場人物をすべて書きましょう。

◎『三年とうげ』のせっていを読み取ることができました。

三年とうげ②

名前（　　　　　）

二、三、四場面のないようを短くまとめましょう。

(1) 二、三、四場面で大切な言葉（キーワード）を三つずつ書きましょう。

二

三

四

(2) 二、三、四場面を次のじょうけんで、短くまとめましょう。

・文字数は「、」「。」もふくめ、三十文字以内とします

・文の最後は、「〜おじいさん。」とします

二	三	四

大切な言葉（キーワード）をつなげると、内容を短くまとめることができます。

◎場面ごとにないようを短くまとめることができました。

三年とうげ③

名前（　　　　　　）

おじいさんのへんかを読み取り、主題を考えましょう。

(1) おじいさんは、はじめとおわりでどのようにかわりましたか。また、おじいさんをかえたもの（こと）は何でしょうか。

はじめ

おわり

おじいさんをかえたもの（こと）

(2) 主題について知りましょう。うすい文字をなぞりましょう。

主題　作品を通して伝えたいことは、主役のへんかから考えられることが多い。

(3) 主題は次のように考えられます。うすい文字をなぞりましょう。

うらしま太郎	やくそくは守らなければならない。
おおきなかぶ	きょう力すれば、物事をたっせいできる。

(4) 『三年とうげ』の主題を(1)で書いたことをさんこうに考えましょう。

(5) (4)のように考えた理由を書きましょう。うすい文字はなぞりましょう。

わたしは、『三年とうげ』の主題は「　　　　」だと考える。なぜなら、

三年とうげ④

名前（　　　　）

『三年とうげ』でおもしろいと思ったところをしょうかいする文章を書きましょう。

(1)『三年とうげ』はどんな話でしたか。三十文字以内で書きましょう。

(2)『三年とうげ』で、おもしろいと思ったところに線を引きましょう。五か所ぐらい引きましょう。

(3) ②で線を引いた中で、一番おもしろいと思うところを書きましょう。長い文章なら、とちゅうを「三年とうげで転ぶでない。三年～生きられぬ。」というように、しょうりゃくして書きましょう。

ページ　行目から　ページ　行目

(4)（れい）をさんこうに、おもしろいと思ったところをしょうかいする文章を書きましょう。

（れい）『三年とうげ』は～（①をさんこうに書く）話です。私が一番おもしろいと思ったところは、○ページ○行目から、○ページ○行目の「　　」というところです。なぜなら～だからです。

◎『三年とうげ』でおもしろいと思ったところをしょうかいする文章が書けました。

三年とうげ⑤

名前（　　　　）

民話や昔話をしょうかいする文章を書きましょう。

（れい）をさんこうに、しょうかいする文章を書きましょう。

（れい）

しょうかいする話を書きます。／話の内容を短く書きます。／一番おもしろかったところと、思ったことを書きます。／よびかける文を書きます。

わたしがしょうかいするお話は、『うらしまたろう』です。

うらしまたろうが、たすけたかめに連れられて、りゅうぐうじょうに行くお話です。

わたしが一番おもしろいと思ったところは玉手ばこを開けてはいけないというやくそくをやぶったうらしまたろうが、おじいさんになってしまうところです。やくそくは守らなくてはいけないなと思いました。

みなさんも、ぜひ読んでみてください。

しょうかいする民話や昔話

しょうかいする話を書きます。／話の内容を短く書きます。／一番おもしろかったところと、思ったことを書きます。／よびかける文を書きます。

◎民話や昔話をしょうかいする文章が書けました。

モチモチの木

斎藤　隆介／作　滝平　二郎／絵

六時間計画

分析の視点
クライマックス
主役の変化

準備物
特になし

指導計画

第一時　範読・音読、意味調べ（ノート）
第二時　豆太とじさまの人物像を考える（シート①）
第三時　二つの場面の豆太の違いの検討（シート②）
第四時　クライマックスの検討（シート③）
第五時　豆太の変化の検討（シート④）
第六時　「豆太は見た」のじさまについて考える（シート⑤）

各時間の指導略案（主な指示・発問・説明）

第二時

(1)シート①を配布する
(2)「『おくびょう豆太』における、豆太の行動や会話をなぞりなさい」
(3)同様に他の枠にも書かせます
(4)「豆太とじさまはどんな人物でしょうか」

第三時

(1)シート②を配布する
(2)「『霜月二十日のばん』の豆太について分かることを枠内に書きなさい」
(3)同様に「豆太は見た」の場面も書かせます
(4)「二つの場面における豆太の違いを書きなさい」

第四時

(1)シート③を配布する
(2)「クライマックスはどの場面でしょうか」
(3)「豆太の気持ちが変わった一文を書きなさい」
(4)「理由を（れい）を参考に書きなさい」
(5)「グループで話し合いなさい」

第五時

(1)シート④を配布する
(2)「シート②設問(2)で書いたことを写しなさい」
(3)「豆太は勇気のある子になれたのでしょうか。（れい）を参考に書きなさい」
(4)グループで話し合いなさい

第六時

(1)シート⑤を配布する
(2)「じさまの言葉を書き写しなさい」
(3)「じさまの様子を二つ書き写しなさい」
(4)「じさまの腹痛は本当かうそか、（れい）を参考に書きなさい」
(5)「グループで話し合いなさい」

「解答モデル（解答例）」

シート①

(1)**「おくびょう豆太」**
・夜中に、一人でせっちんに行けない
・「しょんべんか」とすぐ目をさましてくれる
「やい、木ぃ」
・「やい、木ぃ、モチモチの木ぃ、実ぃ落とせぇ。」
・しゃがんだひざの中に豆太をかかえて、しょんべんをさせている。
「霜月二十日のばん」
・「―それじゃぁ、おらは、とってもだめだ―。」
・豆太にモチモチの木に灯がともることを話している。
「豆太は見た」
・「医者様をよばなくっちゃ」
・「ま、豆太、心配すんな。～。」
「弱虫でも、やさしけりゃ」
・じさまが元気になると、しょんべんにじさまを起こした
・「おまえは、山の神様の祭りを～。」
(2)**豆太**　おくびょう　いざという時勇気が出るなど
じさま　優しい　豆太を心配している　など

シート②

「霜月二十日のばん」
・灯のともったモチモチの木は自分には見られないと思っている
・モチモチの木に灯がともるのを見たいと思っている　など
「豆太は見た」
・医者様をよぶためにふもとの村に走った
・灯がついたモチモチの木を見た　など
(2)「霜月二十日のばん」の豆太はおくびょうだが、「豆太は見た」の豆太は勇気がある。
(3)じさまがはらいたを起こしたこと

シート③

(1)略
(2)四　豆太は見た
(3)「医者様をよばなくっちゃ。」
(4)「モチモチの木に、灯がついている。」など
わたしは、百二十八ページ七行目の「医者様をよばなくっちゃ。」という文で、豆太の気持ちがかわったと考える。なぜか。第一に、その文から勇気を出したと考えるからだ。第二に、一人で医者を呼びに行くことを決めたからだ。第三に、そこから外にとびだして、走り始めたからだ。以下略

204ページに続く

モチモチの木①

名前（　　　　）

豆太とじさまはどんな人物か考えましょう。

(1) 二人の行動や様子、会話を表に書きましょう。うすい文字はなぞりましょう。

場面	おくびょう豆太	やい、木ぃ	霜月二十日のばん	豆太は見た	弱虫でも、やさしけりゃ
豆太	・夜中に、一人でせっちんに行けない。				
じさま	・「しょんべんか」とすぐ目をさましてくれる。				

(2) 表を見て、豆太とじさまはどんな人物と考えられますか。

豆太

じさま

◎豆太とじさまがどんな人物か考えることができました。

モチモチの木②

名前（　　　　）

二つの場面の豆太のちがいについて考えましょう。

⑴「霜月二十日のばん」と「豆太は見た」の場面において、豆太についてわかることを書きましょう。うすい文字はなぞりましょう。

霜月二十日のばん	豆太は見た
・灯のともったモチモチの木は自分には見られないと思っている。	・医者様をよぶためにふもとの村に走った。

⑵二つの場面の豆太はどのようにちがうでしょうか。（れい）をさんこうに書きましょう。

（れい）「霜月二十日のばん」の豆太は～だが、「豆太は見た」の豆太は～。

⑶豆太をかえたもの（こと）はなんでしょうか。

◎二つの場面の豆太のちがいについて考えることができました。

モチモチの木③

名前（　　　　）

お話のクライマックスについて考えましょう。

(1)クライマックスは次のように考えられます。うすい文字をなぞりましょう。

登場人物の気持ちや、行動、身の上が大きくかわる場面。

(2)クライマックスはどの場面でしょうか。

一　おくびょう豆太
二　やい、木ぃ
三　霜月二十日のばん
四　豆太は見た
五　弱虫でも、やさしけりゃ

番号

見出しを書き写しましょう。

(3)クライマックスの場面の中で、豆太の気持ちがかわった一文を書きましょう。

(4)その一文をえらんだ理由を（れい）をさんこうに書きましょう。

（れい）わたしは、〇ページ〇行目の「　　　　」という文で、豆太の気持ちがかわったと考える。

なぜか。

第一に～からだ。

第二に～からだ。

第三に～からだ。

よって、わたしは、〇ページ〇行目の「　　　　」という文で、豆太の気持ちがかわったと考えるのである。

◎クライマックスについて考えることができました。

モチモチの木④

名前（　　　　　　　　）

豆太のへんかについて考えましょう。

(1)豆太のへんかについて、シート②問題(2)で書いたことを書きましょう。

(2)豆太は勇気《ゆうき》のある子になれたのでしょうか。あなたの考えを、（れい）をさんこうに書きましょう。

（れい）わたしは、豆太は勇気のある子に（なれた／なれていない）と考える。

なぜか。

第一に、〇ページ〇行目に〜と書かれている。つまり、〜ということだ。

第二に、〇ページ〇行目に〜と書かれている。つまり、〜ということだ。

第三に、〇ページ〇行目に〜と書かれている。つまり、〜ということだ。

よって、わたしは、豆太は勇気のある子に（なれた／なれていない）と考えるのである。

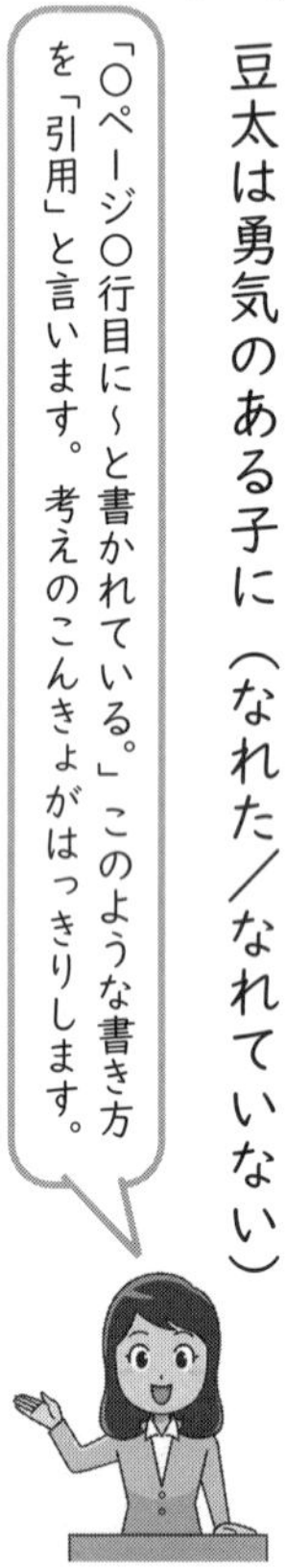
「〇ページ〇行目に〜と書かれている。」このような書き方を「引用」と言います。考えのこんきょがはっきりします。

◎豆太のへんかについて考えることができました。

モチモチの木⑤

名前（　　　　）

「豆太は見た」の場面におけるじさまについて考えましょう。

(1) じさまの言葉を書き写しましょう。うすい文字はなぞりましょう。

「ま、豆太、心配すんな。じさまは、

(2) じさまの様子を、二つ、かじょう書きしましょう。うすい文字はなぞりましょう。

・まくら元で、

・ころりとたたみに転げると、

(3) じさまのはらいたは、本当の事だったのでしょうか。それともうそだったのでしょうか。あなたの考えを（れい）をさんこうに書きましょう。

（れい）わたしは、じさまのはらいたは、（本当の事だった／うそだった）と考える。

なぜか。

第一に、～からだ。

第二に、～からだ。

第三に、～からだ。

よって、わたしは、じさまのはらいたは、（本当の事だった／うそだった）と考えるのである。

◎『豆太は見た』の場面におけるじさまについて考えることができました。

白いぼうし

あまん　きみこ／作　こころ　美保子／絵

六時間計画

分析の視点
登場人物・主役
不思議な世界への入り口と出口

準備物
夏みかん
（香りをかがせるため）

指導計画

第一時　範読・音読、意味調べ
第二時　登場人物と主役を考える（シート①）
第三時　不思議な世界への入り口と出口の検討（シート②）
第四時　不思議に思ったことを話し合う（シート③）
第五時　物語の設定を考える（シート④）
第六時　ファンタジーの物語を書く（シート⑤）

各時間の指導略案（主な指示・発問・説明）

第二時

(1)シート①を配布する
(2)「登場人物とは、話の中に出てきて、動いたり話したり、考えたりする人や動物や物です。劇にしたとき、役が必要なら登場人物です。場面ごとに登場人物を書きなさい」
(3)「主役は誰ですか。理由も書きなさい」
(4)「場面ごとの主役の行動をまとめなさい」

第三時

(1)シート②を配布し、吹き出しを読ませる
(2)「不思議な世界に入ったのはどの文ですか」
(3)「不思議な世界から出たのはどの文ですか」
(4)「(3)の問題でその文を選んだ理由を書きなさい」
(5)「グループで話し合いなさい」

第四時

(1)シート③を配布する
(2)「『白いぼうし』を読んで、不思議だと思った出来事をかじょう書きしなさい」
(3)「話し合うテーマを決めます。一番話し合いたいテーマに○を付けなさい」
(4)発表させ、テーマを決めます
・一つに絞り、全員同じテーマについて考える
・テーマごとにグループをつくり考える
どちらでもよいです

第五時

(1)シート④を配布する
(2)「ファンタジーの物語を書きます。五つの項目について考えて、書きなさい」

第六時

(1)シート⑤を配布する
(2)「前回のシートをもとに、ファンタジーの物語を書きなさい」

「解答モデル（解答例）」

シート①

(1)一お客のしんし、松井さん
二松井さん、おまわりさん（もんしろちょう）
三おかっぱの女の子、松井さん、男の子、お母さん
四松井さん（ちょう）
(2)松井さん
(3)私は、主役は松井さんだと考える。なぜなら、松井さんは最初から最後まで、ずっと登場しているからだ。
(4)一夏みかんをくるまにのせておいた。
二夏みかんに白いぼうしをかぶせた。
三女の子にせかされてあわててアクセルをふんだ。
四シャボン玉のはじけるような、小さな声を聞いた。

シート②

(1)二十六ページ三行目
すっぱい、いいにおいが、風であたりに広がりました。
(2)夏みかんのにおいが、不思議な世界のきっかけになっていると思うから。
(3)三十一ページ　七行目
車の中には、まだかすかに、夏みかんのにおいがのこっています。
(4)夏みかんのにおいが車の中にのこっていますと書かれているから。

シート③

(1)
・松井さんがシャボン玉のはじけるような小さな声を聞いたこと。
・夏みかんのにおいが不思議な世界と関係していそうなこと。
・女の子がいなくなったこと。
・急に女の子がタクシーに乗っていたこと。
・男の子が置いたぼうしがそのままになっていたこと。
(2)女の子の正体はだれか。
(3)私は、女の子の正体はだれかに関して、ちょうちょだと考えます。それは、二十四ページ十一行目に「ちょうはひらひら高くまい上がると、なみ木の緑の向こうに見えなくなっていました。」と書かれています。その後に、車に女の子が急にすわっていました。つまり、ちょうが女の子に化けたと考えられるからです。

204ページに続く

白いぼうし①

名前（　　　　）

『白いぼうし』の登場人物と主役について考えましょう。

(1) 場面ごとに登場人物をまとめましょう。

一	二	三	四

(2) 主役はだれですか。また、考えた理由を（例）を参考《さんこう》に書きましょう。

（例）私は、主役は～だと考える。
なぜなら、～だからだ。

主役

理由

(3) 主役がそれぞれの場面でどんなことをしたのかまとめましょう。うすい文字はなぞりましょう。

一	二	三	四
夏みかんを車にのせておいた。			

◎登場人物と主役について考えることができました。

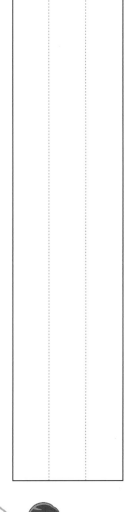

白いぼうし②

名前（　　　　）

不思議な世界への入り口と出口について考えましょう。

松井さんが不思議な世界に入って、不思議な体験をしたと考えて、今回の課題に取り組みましょう。

⑴松井さんが不思議な世界に入ったのはどの文からでしょうか。

ページ　　行目

⑵その文を選んだ理由を書きましょう。

⑶松井さんが不思議な世界から出たのはどの文でしょうか。

ページ　　行目

⑷　⑶の問題で、その文を選んだ理由を書きましょう。

◎不思議な世界への入り口と出口について考えることができました。

白いぼうし③

名前（　　　　）

話を読んで、不思議だと思ったことを話し合いましょう。

(1) 話を読んで、不《ふ》思《し》議《ぎ》だと思った出来事をかじょう書きで書きましょう。

(2) 話し合うテーマを一つ決めて書きましょう。

(3) テーマに対するあなたの考えを、（例）を参考に書きましょう。

（例）私は～（テーマ）に関して、～だと考えます。それは、○ページ○行目に～と書かれています。つまり～だと考えられるからです。

◎不思議だと思った出来事について考えることができました。

白いぼうし④

名前（　　　　）

ファンタジーの物語を書くために、せっていを考えましょう。

(1) 次の条件《じょうけん》で、ファンタジーの物語を書きましょう。

（一）主人公は、げんざいの世の中から、不思議な世界に入る

（二）不思議な世界に入る入り口がある（例　あなに落ちる）

（三）不思議な世界で、不思議な体けんをする

（四）不思議な世界から出る出口がある

（五）不思議な世界での体けんから、主人公に何かしらの変化《へんか》がおきる

主人公の変化	不思議な世界からの出口	不思議な体けん	不思議な世界の様子	不思議な世界への入り口	主役と登場人物

◎物語を書くためのせっていを考えることができました。

白いぼうし⑤

名前（　　　　）

ファンタジーの物語を四百字程度で書きましょう。

(1) 前回の学習で考えたせっていをもとに、物語を書きましょう。

題名

▲400　▲200

一つの花

今西　祐行／作　松永　禎郎／絵

六時間計画

分析の視点
設定
対比

準備物
画像　戦時中の列車
当時の道具など

指導計画

第一時　範読・音読
第二時　意味調べ、感想を書く（シート①）
第三時　設定の読み取り（シート②）
第四時　一、二場面と三場面の対比（シート③）
第五時　「一つだけ」に込められた意味の検討（シート④）
第六時　感想文を書く（シート⑤）

各時間の指導略案（主な指示・発問・説明）

第二時

(1) シート①を配布する
(2)「言葉の意味調べをしなさい」
(3)「（例）を参考にして、感想を書きなさい」
(4)「グループで読み合いなさい」

第三時

(1) シート②を配布する
(2)「第一場面から、当時の世の中について分かることを書きなさい」
(3)「ゆみ子について分かることを書きなさい」
(4)「ゆみ子はどんな子だと考えますか」
(5)「理由を書きなさい」

第四時

(1) シート③を配布し、吹き出しを読ませる
(2)「第一、第二場面と第三場面を対比しなさい」
(3)「一番重要な対比を書きなさい」
(4)「理由を（例）を参考に書きなさい」

第五時

(1) シート④を配布する
(2)「『一つだけ』という言葉に線を引きなさい」
(3)「『一つだけ』という言葉の意味を、ゆみ子、お母さんそれぞれの立場で書きなさい」
(4)「第三場面に『一つだけ』という言葉が出てこない理由を書きなさい」
(5)「『一つだけ』という言葉に込められた思いを書きなさい」

第六時

(1) シート⑤を配布する
(2)「『ちいちゃんのかげおくり』と『一つの花』について表にまとめなさい」
(3)「（例）を参考に、感想文を書きなさい」

「解答モデル（解答例）」

シート①

(1) 略
(2) わたしは『一つの花』を読んで次の三つのことを考えた。
一つ目は、今の時代とは全然違うということだ。なぜなら、昔は食べ物が少なくて、今は食べ物がたくさんあるからだ。

二つ目は、お父さんがかわいそうということだ。なぜなら、体もじょうぶでもないのに、家族と離れ離れになって戦争に行かなければいけないからだ。

三つ目は、わたしは今の時代に生まれてよかったということだ。なぜなら、今は戦争がないからだ。

以上の三つが『一つの花』を読んでわたしが考えたことである。

シート②

(1) 戦争がはげしかった。　おまんじゅうだの、キャラメルだの、チョコレートだの、そんなものはどこへ行ってもなかった。おやつどころではなかった。　食べる物といえば、おいもや豆やかぼちゃしかなかった。毎日てきの飛行機が飛んできて、ばくだんを落としていった。　町が次々にやかれて、はいになった。
(2)「一つだけちょうだい。」がはっきり覚えた最初の言葉。　ごはんのときでも、おやつのときでも、もっともっとと言って、いくらでもほしがる。知らず知らずのうちに、お母さんの口ぐせを覚えた。
(3) かわいそうな子ども
(4) お母さんが「なんてかわいそうな子でしょうね」と言っているから。

シート③

(1) 戦争中⇔戦争が終わっている　一輪のコスモス⇔いっぱいのコスモス　おいもや豆やかぼちゃ⇔お肉やお魚　はいになる町⇔町　一つだけしか言わないゆみ子⇔何がいいかたずねるゆみ子　など
(2) 一輪のコスモス⇔いっぱいのコスモス
(3) わたしは、一輪のコスモス⇔いっぱいのコスモスが一番重要な対比だと考える。
なぜか。

第一に題名が一つの花だからだ。

第二にコスモスがいっぱいあるということは、戦争が終わり、平和になったことを表していると思うからだ。

第三に、コスモスはお父さんがくれた花だからだ。

よって、わたしは、一番重要な対比は一輪のコスモス⇔いっぱいのコスモス　と考えるのである。

204ページに続く

一つの花①

名前（　　　　　　　　）

『一つの花』を読んだ感想を書きましょう。

(1) 言葉の意味を調べましょう。

言葉	意味

国語辞典

国語辞典の早引き競争をして、調べる力をつけましょう。

(2) (例)を参考にして、『一つの花』の感想を書きましょう。

(例) わたしは『一つの花』を読んで次の三つのことを考えた。
一つ目は、～（考えたことを書く）だ。なぜなら～（理由を書く）からだ。
二つ目は、～（考えたことを書く）だ。なぜなら～（理由を書く）からだ。
三つ目は、～（考えたことを書く）だ。なぜなら～（理由を書く）からだ。
以上の三つが『一つの花』を読んでわたしが考えたことである。

理由を書くところでは、「『～』と書かれているから」などと引用ができるといいね。

◎『一つの花』の感想を書くことができました。

一つの花②

名前（　　　　）

『一つの花』のせっていを読み取りましょう。

(1) 第一場面から、どんな世の中だったのか分かることをかじょう書きしましょう。うすい文字はなぞりましょう。

・戦争がはげしかった。

・おまんじゅうだの、キャラメルだの、チョコレートだの、そんなものはどこへ行ってもなかった。

せっていは、時代や登場人物などについて読み取ります。

(2) 第一場面からゆみ子について分かることをかじょう書きしましょう。うすい文字はなぞりましょう。

・「一つだけちょうだい。」がはっきり覚えた最初の言葉。

(3) ゆみ子はどんな子どもだと考えますか。

(4) なぜそう考えたのか、理由を書きましょう。

(2)で書いたことから考えてみよう。

◎『一つの花』のせっていを読み取ることができました。

一つの花③

名前（　　　　　　）

第一、第二場面と第三場面を対比しましょう。

(1) 第一、第二場面と第三場面の違いを考えて、例のように対比しましょう。うすい文字はなぞりましょう。

第一、第二場面	第三場面
(例) 戦争中 ⇔	戦争が終わっている

対比とは、二つのことを比べることです。例えば、大人と子どもの対比なら、「大きい⇔小さい　仕事に行く⇔学校に行く」などが考えられます。

(2) 一番重要な対比はどれでしょうか。

(3) 理由を(例)を参考に書きましょう。

(例) わたしは、～(②で選んだ対比を書く)が一番重要な対比だと考える。なぜか。

第一に～からだ。

第二に～からだ。

第三に～からだ。

よって、わたしは、一番重要な対比は～と考えるのである。

◎第一、第二場面と第三場面を対比することができました。

一つの花④

名前（　　　　）

「一つだけ」という言葉にこめられた思いを考えましょう。

(1) 教科書を読み、「一つだけ」という言葉に線を引きましょう。また、だれが言った言葉なのか線の横に書きましょう。

(2) 「一つだけ」という言葉を、ゆみ子はどのような意味で使っていますか。また、お母さんはどうですか。

ゆみ子

お母さん

(3) 第三場面では、「一つだけ」という言葉が出てきません。なぜでしょうか。

第三場面では、世の中やゆみ子のまわりのようすがどう変わったのか考えてみましょう。

(4) 作者は「一つだけ」という言葉にどんな思いをこめていると考えますか。

◎「一つだけ」という言葉にこめられた思いを考えることができました。

一つの花⑤

名前（　　　　　　）

『ちいちゃんのかげおくり』と『一つの花』を比べて、似ていることやちがうところを考え、感想文を書きましょう。

(1) 『ちいちゃんのかげおくり』『一つの花』について書きましょう。

	主役	時代	出来事	結末
ちいちゃんのかげおくり				
一つの花				

(2) (例) を参考に感想文を書きましょう。

(例)
『ちいちゃんのかげおくり』と『一つの花』を比べる。
まず、似ていることは○つある。一つ目は～ということだ。（以下同じように書く）
次に、ちがうところは○つある。一つ目は～ということだ。（以下同じように書く）
わたしは、この二つの作品から、～ということを（思った／考えた／学んだ）
これから～していきたいと考える。

ごんぎつね

新美　南吉／作　かすや　昌宏／絵

六時間計画

分析の視点
主役の変化

準備物
画像　当時の家
火縄銃など

指導計画

第一時　範読・音読
第二時　意味調べ、感想を書く（シート①）
第三時　場面ごとにごんの行動や気持ちを読み取る（シート②）
第四時　ごんについて読み取る（シート③）
第五時　ごんの変化を読み取る（シート④）
第六時　第6場面の兵十を読み取る（シート⑤）

各時間の指導略案（主な指示・発問・説明）

第二時

(1) シート①を配布する
(2)「言葉の意味調べをしなさい」
(3)「例を参考にして、感想を書きなさい」

第三時

(1) シート②を配布する
(2)「一の場面『ごんが兵十にしたこと』と『その時のごんの気持ち』をなぞりなさい」
(3) 6場面まで書かせます
(4)「グループで意見を交流しなさい」

第四時

(1) シート③を配布する
(2)「ごんについて分かることをかじょう書きしなさい」
(3)「ごんはどんなきつねだと考えますか」
(4)「理由を（例）を参考にかきなさい」
(5)「グループで意見を交流しなさい」

第五時

(1) シート④を配布する
(2)「ごんの気持ちの変化について枠に書きなさい」
(3)「ごんの気持ちが変化したのは何場面ですか」
(4)「理由を（例）を参考に書きなさい」
(5)「グループで話し合いなさい」

第六時

(1) シート⑤を配布する
(2)「ごんを見たとき、兵十はどう思ったでしょうか」
(3)「ごんをうった後、兵十が見たものを書きなさい」
(4)「兵十はまず何を考えていたでしょうか」
(5)「ごんが栗をくれていたことに気付いたのはどの文ですか」
(6)「ごんからの視点で書かれた一文を書きなさい」
(7)「なぜ、ごんからの視点で書かれたのでしょうか」

「解答モデル（解答例）」

シート①

(1) 略
(2) わたしは『ごんぎつね』を読んで次の三つのことを考えた。
一つ目は、なぜごんはいたずらばかりするのかということだ。なぜなら、いたずらをしなければ最後鉄ぽうでうたれることはなかったからだ。

二つ目は、兵十がかわいそうだということだ。なぜなら、お母さんが死んでしまったからだ。

三つ目は、ごんもかわいそうだということだ。なぜなら、うたれて死んでしまったからだ。

以上の三つが『ごんぎつね』を読んでわたしが考えたことである。

シート②

(1)
1 略
2 兵十のしおれた顔を見た。いたずらしたことを後悔した。
3 いわしやくりや松たけを持って行って償いをした。いいことをしたと思った。
4 兵十と加助の後をついていった。お念仏があるんだなと思った。
5 兵十と加助の会話を聞いた。こいつはつまらないなと思った。
6 くりを兵十の家へ持って行った。（この場面は直接ごんの気持ちは書かれていません。「自分が置いていっていると気付いてほしい」などと想像させましょう）

シート③

(1) ひとりぼっちの小ぎつね、あなをほって住んでいた、いたずらばかりしたなど
(2) 悪いきつね、いたずらばかりするきつねなど
(3) わたしは、ごんは悪いきつねだと考える。なぜか。
第一に、十四ページ八行目に「いたずらばかりしました。」と書かれている。つまり、毎日のようにいたずらをしていたということだ。

第二に、十四ページ九行目に「畑へ入っていもをほり散らしたり、菜種がらのほしてあるのへ火をつけたり」と書かれている。つまり、とてもきけんないたずらをしていたということだ。

第三に、十四ページ十行目に「つるしてあるとんがらしをむしり取っていったり」と書かれている。つまり、様々なものにいたずらをしていたということだ。

よって、わたしは、ごんは悪いきつねだと考えるのである。

205ページに続く

ごんぎつね①

名前（　　　　　）

『ごんぎつね』を読んだ感想を書きましょう。

(1) 言葉の意味調べをしましょう。

言葉	意味
よそ行き	
そうれつ	

国語辞典の早引き競争をして、調べる力をつけましょう。

(2) 例を参考にして『ごんぎつね』の初発の感想を書きましょう。

(例) わたしは『ごんぎつね』を読んで次の三つのことを考えた。
一つ目は、～（考えたことを書く）だ。なぜなら～（理由を書く）からだ。
二つ目は、～（考えたことを書く）だ。なぜなら～（理由を書く）からだ。
三つ目は、～（考えたことを書く）だ。なぜなら～（理由を書く）からだ。
以上の三つが『ごんぎつね』を読んでわたしが考えたことである。

考えたことには、
・面白いと感じたこと
・不思議に思ったこと
・これから考えたいこと
などを書きましょう。

◎『ごんぎつね』の感想を書くことができました。

ごんぎつね②

名前（　　　　　）

場面ごとにごんの行動や気持ちを読み取りましょう。

(1) 場面ごとに「ごん」が「兵十」にしたことをまとめ、その時のごんの気持ちを考えましょう。うすい文字はなぞりましょう。

場面	一	二	三	四	五	六
「ごん」が「兵十」にしたこと	・兵十のとった魚やうなぎにいたずらをした。					
そのときの「ごん」の気持ち	・ちょいと、いたずらがしたかった。					

◎場面ごとにごんの行動や気持ちを読み取ることができました。

ごんぎつね③

名前（　　　　　　）

ごんについて分かることを書きましょう。

(1) 第一場面「これは、〜お話です。」から「畑に入って〜いろんなことをしました。」までの文章で、ごんについて分かることをかじょう書きしましょう。
うすい文字はなぞりましょう。

・中山からすこしはなれた山の中にすんでいた。

(2) ごんはどんなきつねだと考えますか。

きつね

(3) そう考えた理由を（例）を参考に書きましょう。

（例）わたしは、ごんは〜（(2)で書いたことを書く）きつねだと考える。なぜか。
第一に、〇ページ〇行目に「〜」と書かれている。つまり、〜ということだ。
第二に、〇ページ〇行目に「〜」と書かれている。つまり、〜ということだ。
第三に、〇ページ〇行目に「〜」と書かれている。つまり、〜ということだ。
よって、わたしは、ごんは〜きつねだと考えるのである。

◎ごんはどんなきつねか考えることができました。

ごんぎつね④

名前（　　　　　　　　）

ごんの気持ちの変化を考えましょう。

(1)ごんは最初と最後で気持ちはどのように変化していますか。また、ごんを変えたもの（こと）はなんでしょうか。

最初

最後

ごんを変えたもの（こと）

(2)ごんの気持ちが変化したのは第何場面でしょうか。

　　　場面

(3)理由を（例）を参考に書きましょう。

（例）わたしは、第○場面でごんの気持ちは変化したと考える。なぜか。
第一に、○ページ○行目に「～」と書かれているからだ。つまり、～ことだ。
第二に、○ページ○行目に「～」と書かれているからだ。つまり、～ことだ。
第三に、○ページ○行目に「～」と書かれているからだ。つまり、～ことだ。
よって、わたしは、第○場面でごんの気持ちは変化したと考えるのである。

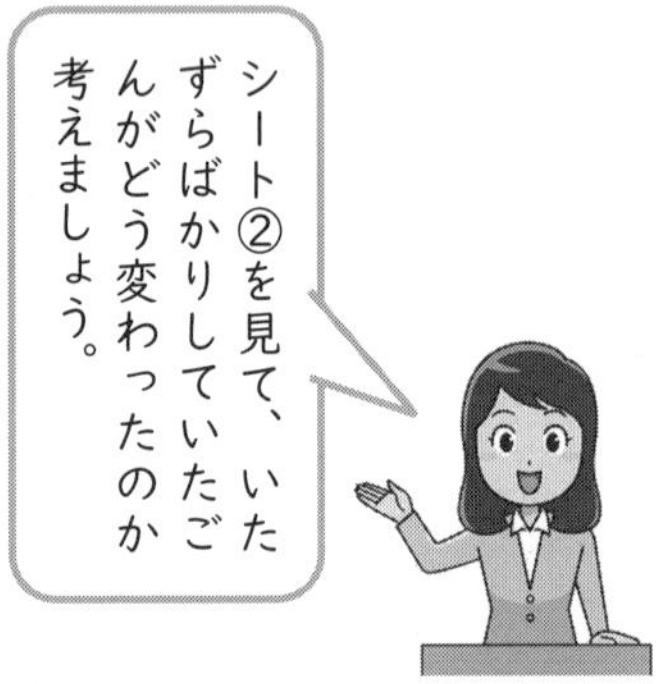
シート②を見て、いたずらばかりしていたごんがどう変わったのか考えましょう。

◎ごんの気持ちの変化を考えることができました。

ごんぎつね⑤

名前（　　　　）

第6場面の兵十について読み取りましょう。

(1) ごんがうちの中に入ったのを見たとき、兵十はどう思いましたか。

(2) 兵十はごんをうったあと、三つのものを見ています。何を見たのか順番に書きましょう。

一番目

二番目

三番目

兵十が最初に見たものから、何を考えていたのかも読み取れますね。

(3) 兵十はごんをうったあと、まず何を考えていたでしょうか。

(4) 兵十がごんがくりをくれていたことに気がついたのはどの文でしょうか。

(5) 「そのとき兵十は～」以降、兵十によりそった視点で書かれていますが、一文だけ「ごん」からの視点で書かれています。その文を書きましょう。

(6) なぜ、「ごん」からの視点で書かれたのでしょうか。

◎第6場面の兵十について読み取ることができました。

友情のかべ新聞

はやみね　かおる／作　早川　世詩男／絵

六時間計画

分析の視点
気持ちの変化

準備物
拡大したシート
ミステリーの本

指導計画

第一時　音読・学習計画を立てる（シート①）
第二時　登場人物の性格や行動を確かめる（シート②）
第三時　二人の変化を考える（シート③）
第四時　面白いと思ったところを考える（シート④）
第五六時　読んだ本を紹介する（シート⑤）

各時間の指導略案（主な指示・発問・説明）

第二時

(1)シート②を配布する
(2)「第一場面を音読しなさい」
(3)「「東君」と「西君」はどんな人物でしょうか。みんなはどう思っているでしょうか」
(4)「月曜日の出来事について話し合いなさい」
(5)「話の語り手はだれですか。また、どんな人物だと考えますか」

第三時

(1)シート③を配布する
(2)「「東君」と「西君」はどう変化しましたか」
(3)「「東君」と「西君」の考えを書きなさい」
(4)「クラスのみんな、ぼく、先生はどう考えているのか書きなさい」
(5)「ぼくの推理の手がかりになったことに線を引きなさい」
(6)「グループで交流しなさい」

第四時

(1)シート④を配布する
(2)「お話の中で、面白いと思ったところに線を引きなさい」
(3)「例を参考に、文章を書きなさい」
(4)「グループで交流しなさい」

第五時

(1)「読んだミステリーについてメモにまとめなさい」
(2)「グループで交流しなさい」

「解答モデル（解答例）」

シート①

(1)小さな手がかりをもとに、推理していくのが面白いと思った。　など
(2)略
(3)書かれていることのつながりを見つけながら、おもしろいと思ったところについて話し合おう。
(4)略

シート②

(1)

東君　好きなもの
サッカー
算数
ねこ
青色

正反対
いつもたいこう心をもやしている。

西君　好きなもの
読書
国語
犬
赤色

二人の行動
・そうじの時間、新しいほうきをとりあう。
・給食の時、のこったプリンを取り合う。
・学級会で言い合う。

クラスのみんな
・あきれている。
・「ライバルだから。」とおうえんする。

ぼく
・あまり気にしていない。

(2)略
(3)ぼく　気になったことを考え続ける。冷静　など

シート③

(1)

二人は仲が悪い。

二人
・いつももめている。
・花びんをわる。
・相手のせいばかりにする。

かべ新聞がはられる。

・休み時間をいっしょにすごすようになった。
・いっしょに本を読んだ。
・職員室へいっしょに行った。
・おたがいに声をかける。
・好きだった油性ペンを使わなかった。
・二人であやまりに行こうと決めた。
・二人でいるのが楽しくなった。

仲がよくなった。

クラスのみんな、ぼく、先生
・あきらめている。おうえんしている。
・（ぼく）あまり気にしていない。
・（先生）かべ新聞をつくる提案をする。
・（先生）とくい顔
・学級会で話し合い、仲よくするのは無理だというけつろん。
・「本当に仲よくなったんだ」と口ぐちに言った。
・（ぼく）油性ペンを使わなかったのには理由があると思った。
・（先生）「君たちは、、本当に仲が―。」

(2)(3)略

シート④⑤　略

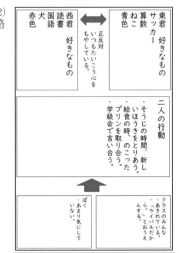

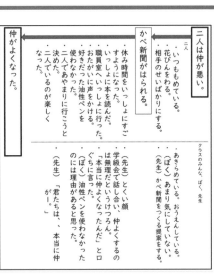

友情のかべ新聞①

名前（　　　　　）

めあて　『友情のかべ新聞』を読み、単元のめあてをきめよう。

(1)「ぼく」のすいりについて、思ったことや考えたことを書きましょう。

(2)「東君」と「西君」は、本当に仲よくなったのでしょうか。話し合いましょう。

(3)単元のめあてを書きましょう。

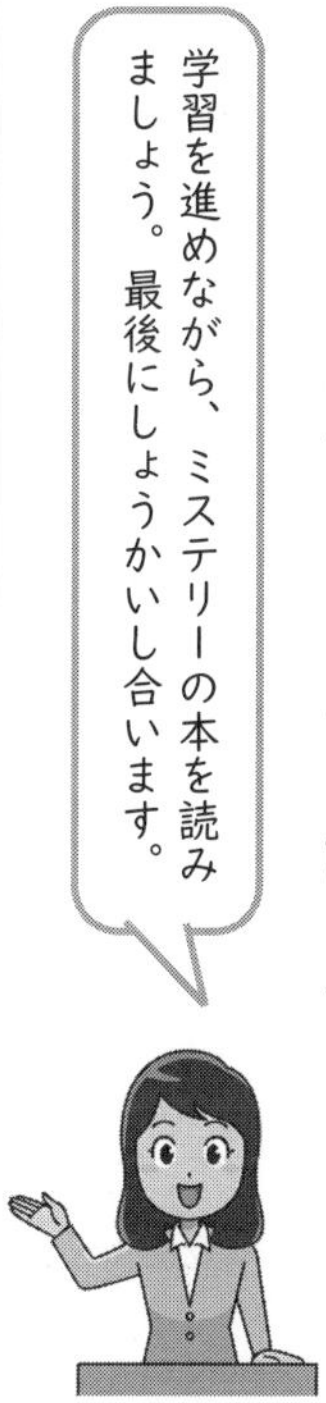
学習を進めながら、ミステリーの本を読みましょう。最後にしょうかいし合います。

(4)学習計画を立てましょう。

時間	学習内容

友情のかべ新聞②

名前（　　　　）

めあて　登場人物のせいかくや行動をたしかめよう。

(1)「東君」と「西君」はどんな人物でしょうか。また、クラスのみんなや「ぼく」は、二人をどう思っているでしょうか。うすい文字は、なぞりましょう。

東君　好きなもの

西君　好きなもの

正反対
いつもたいこう心をもやしている。

二人の行動
・そうじの時間、新しいほうきをとりあう。

クラスのみんな

ぼく

(2)月曜日の出来事について、つぎのことを話し合いましょう。

(一)なぜ二人はしかられているのか。
(二)二人の言い分。
(三)二人の言い分に対する先生の反のう。
(四)先生が考えた作戦。
(五)先生の作戦に対する二人の反のう。

(3)話の語り手はだれですか。また、どんな人物だと考えますか。

語り手

どんな人物か

友情のかべ新聞③

名前（　　　　　　　　）

めあて　「東君」と「西君」の関係の変化や「ぼく」のすいりの手がかりについて考えよう。

(1)「東君」「西君」の行動、先生やクラスのみんなの考えについてまとめましょう。二人は、どう変化したでしょうか。

二人

二人は仲が悪い。　→　かべ新聞がはられる。　→　（　　　　）

クラスのみんな、ぼく、先生

(2)「ぼく」は何を手がかりにすいりをしたのでしょうか。すいりの手がかりとなる言葉や文に線を引きましょう。

(3)線を引いたところを交流しましょう。

友情のかべ新聞④

名前（　　　　）

めあて　物語のおもしろいと思ったところについて、理由とともにまとめよう。

(1)おもしろいと思ったところに線を引きましょう。

(2)おもしろいと思ったところを、理由とともにまとめましょう。

(例)わたしがおもしろいと思ったのは、いろいろな手がかりをもとに「ぼく」がすいりをするところです。

なぜかというと、新聞がはられた後に、二人が赤や青の油性ペンを使わなかったことや、プリンを取りにいかなかったことを、「何か理由がある」と考えて、「ぼく」がそのひみつをとき明かしていったからです。生活の中の小さな出来事からすいりをするところは、まるで名たんていのようでした。

(3)書いたことを交流しましょう。にているところやちがうところを伝え合いましょう。

友情のかべ新聞⑤

名前（　　　　　　　　）

めあて　ミステリーを読んで、おもしろかったところを伝え合おう。

(1) 読んだミステリーについて、メモにまとめましょう。

題名	
作者　絵をかいた人	
主な登場人物	
内容	
おもしろかったところ	

(2) グループで交流しましょう。

スワンレイクのほとりで　五時間計画

子手鞠 るい／作　野田 あい／絵

分析の視点
場面設定
人物像

準備物
拡大したシート

指導計画

第一時　音読・学習計画を立てる（シート①）
第二時　気持ちを想像する（シート②）
第三時　人物像を捉える（シート③）
第四時　歌が書こうとしていることを考える（シート④）
第五時　感じ方を比べる（シート⑤）

各時間の指導略案（主な指示・発問・説明）

第二時

(1) シート②を配布する
(2)「設定について話し合いなさい」
(3)「歌の気持ちがわかるところに線を引き、その時の気持ちを書き込みなさい」
(4)「表にまとめなさい」
(5)「グループで交流しなさい」

第三時

(1) シート③を配布する
(2)「歌とグレンがしたことや言ったことを書きなさい」
(3)「歌とグレンはどのような人物でしょう」
(4)「歌はどのような思いをもつようになったのか、観点を選んで書きなさい」
(5)「書いたことをグループで交流しなさい」

第四時

(1) シート④を配布する
(2)「歌の思いを振り返りなさい」
(3)「物語の最後に歌が書こうとしていることを（例）を参考に書きなさい」

第五時

(1)「前時に書いたことを、グループで交流しなさい」
(2)「自分の書いたことと比べて、考えたことを書きなさい」
(3)「発表しなさい」

「解答モデル（解答例）」

シート①
(1) 略
(2) グレンとスワンレイクを眺めたこと。
題名に「スワンレイクのほとりで」とあるし、歌が自分の名前を褒められたから。
(3) 登場人物が経験したことや、他の人物との交流によって移り変わっていく気持ちを想ぞうしながら読み、考えたことを伝え合おう。
(4) 略

シート②
(1)(2) 略
(3)

アメリカでの出来事	「歌」の気持ち
アメリカに着くスーパーマーケットで買い物をする	いろんな人が住んでいて、おどろいた。
森で遊ぶ	いろいろな動物が見られて、楽しい。
グレンのことを聞く	友達になりたいと思っているが、不安。
グレンと会うあいさつをする	どきどき。そわそわ。英語が通じたか不安。
グレンと野菜畑へ行く	野菜の言い方を知れて楽しい。グレンに気持ちを伝えたい。
グレンとスワンレイクをながめる	名前をほめられて、うれしい。むねがくすぐったい。

シート③
(1) 歌　アメリカに行った。森で遊んだ。など
グレン　歌を野菜畑にさそった。歌に野菜の名前を教えた。など
(2) 歌　好奇心がある。
グレン　やさしい。落ち着いている。など
(3) 観点②
グレンの行動から、歌は、もっと会話をしたいという思いをもつようになったと考えます。なぜなら、会話をする中で、お互いのことを理解し合えたからです。

シート④⑤　略

スワンレイクのほとりで①

名前（　　　　）

めあて　『スワンレイクのほとりで』を読み、単元のめあてをきめよう。

(1)『スワンレイクのほとりで』という題名や、さし絵などから、どんな話なのか想ぞうし、交流しましょう。

(2)「歌」の印象に強く残ったアメリカでの出来事は何でしょうか。そう思った理由も書きましょう。

出来事

理由

(3)単元のめあてを書きましょう。

(4)学習計画を立てましょう。

時間	学習内容

スワンレイクのほとりで②

名前（　　　　　）

めあて　物語の設定をたしかめ、気持ちを表す言葉や表現に着目して、歌の気持ちを想ぞうしよう。

(1) 物語の設定について、次のことを話し合いましょう。
・だれの視点で書かれているか。
・物語の時間の流れはどうなっているか。
・どのような場面が書かれているのか。

(2) アメリカでの出来事に対して、「歌」の気持ちが分かる表現に線を引き、そのときの気持ちを書きこみましょう。

(3) (2)で書いたことを表にまとめましょう。

気持ちが直せつ書かれている表現だけでなく、登場人物の行動や会話、じょう景を表す言葉、にた表現を別の言い方で表している言葉などにも着目しましょう。

アメリカでの出来事	「歌」の気持ち
アメリカに着く スーパーマーケットで買い物をする	
森で遊ぶ	
グレンのことを聞く	
グレンと会う あいさつをする	
グレンと野菜畑へ行く	
グレンと スワンレイクを ながめる	

スワンレイクのほとりで③

名前（　　　　　　）

めあて　歌とグレンの人物ぞうをとらえよう。また、アメリカでのけい験の後、歌がどのような思いをもつようになったのか考えよう。

(1)「歌」と「グレン」がしたことや言ったことを書きましょう。

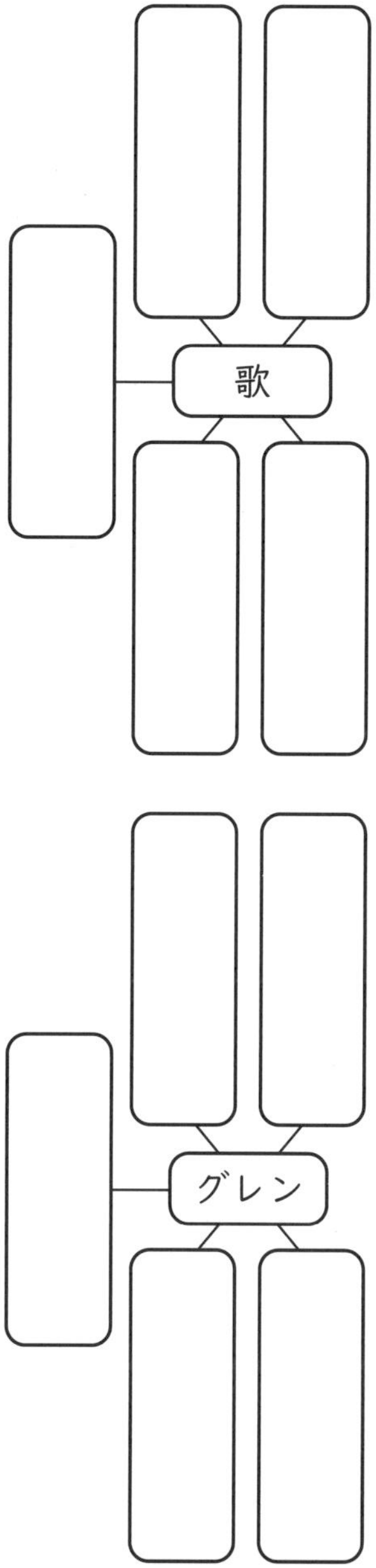

歌
グレン

(2)「歌」と「グレン」は、どのような人物でしょうか。

歌

グレン

(3)アメリカでのけい験の後、「歌」はどのような思いをもつようになったでしょうか。次の観点の中から一つ選び、書きましょう。

観点
①アメリカの人々や自然の様子から感じたり、考えたりしたこと。
②「グレン」の行動や、そこから分かること。
③英語で伝え合うこと。

選んだ観点 □

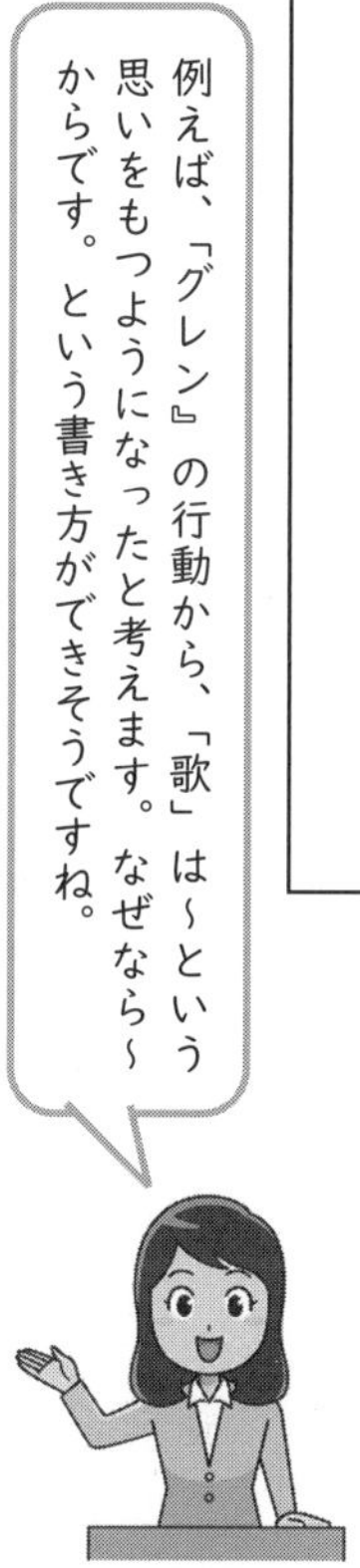

例えば、「グレン」の行動から、「歌」は～という思いをもつようになったと考えます。なぜなら～からです。という書き方ができそうですね。

スワンレイクのほとりで④

名前（　　　　）

めあて　物語の最後で、歌が書こうとしていることは何か、理由とともに考えよう。

(1) アメリカでのけい験の後、「歌」はどのような思いをもつようになったのか、ふり返りましょう。

(2) 物語の最後で「歌」が書こうとしていることは何か、(例)を参考に二百字ていどで書きましょう。

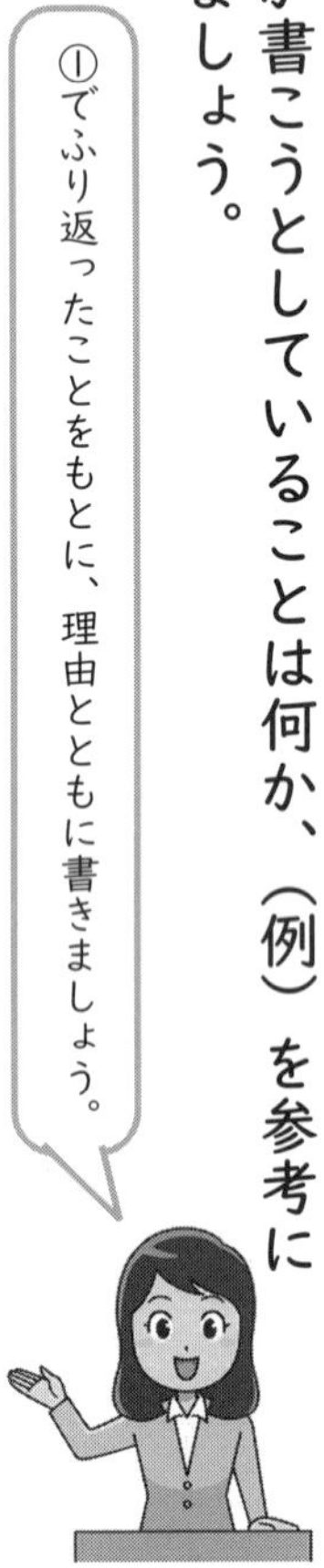
①でふり返ったことをもとに、理由とともに書きましょう。

(例) わたしは、歌が書こうとしているのは、グレンと会話したことだと考えます。なぜかというと、歌はアメリカで、グレンに出会い、野菜の名前を教え合ったり、自分の名前のことを話したりするけい験をしました。そのけい験を通して、「歌」は物の名前についてあらためて考えました。そして、グレンに「歌」という名前を「美しい名前」といわれ、急に自分の名前が好きになりました。このことが、「歌」にとって強く心に残ったと考えたからです。（二百二文字）

▲200文字

スワンレイクのほとりで⑤

名前（　　　　　　　　）

めあて　歌が書こうとしていることについての考えを伝え合い、感じ方をくらべよう。

(1)「歌が書こうとしていること」をグループで交流しましょう。相手の考えをかんたんにメモしましょう。

（　　　　　　）さん

（　　　　　　）さん

（　　　　　　）さん

（　　　　　　）さん

(2)自分の書いたこととくらべて、考えたことを書きましょう。

銀色の裏地

石井　睦美／作　しんや　ゆう子／絵

五時間計画

分析の視点
心情の変化
関係図

準備物
拡大したシート

指導計画

第一時　音読・単元のめあてを決める（シート①）
第二時　関係図に表す（シート②）
第三時　理緒の心情や変化を考える（シート③）
第四時　印象に残ったことをまとめる（シート④）
第五時　問いに対する考えを書く（シート⑤）

各時間の指導略案（主な指示・発問・説明）

第二時

(1) シート②を配布する
(2)「理緒の心情や、登場人物との関わりがよく表れている表現に線を引きなさい」
(3)「人物の関係を心情を想像して関係図に表しなさい」
(4)「グループで交流しなさい」
(5)「感じたことや考えたことを発表しなさい」

第三時

(1) シート③を配布する
(2)「理緒と高橋さんとの関わりに着目して、音読しなさい」
(3)「二人の関わりについて、まとめなさい」
(4)「理緒は高橋さんをどのような人物だと考えていますか」
(5)「銀色の裏地とはどのような意味でしょう」

第四時

(1) シート④を配布する
(2)「物語を読んで、強く印象に残ったことを表にまとめなさい」
(3)「文章で書きなさい」

第五時

(1) シート⑤を配布する
(2)「強く印象に残ったところに関して、グループで交流しなさい」
(3)「自分の問いに対する考えを書きなさい」
(4)「発表しなさい」

「解答モデル（解答例）」

シート①

(1) 理緒と高橋さんの関係が変化したこと。
(2) 高橋さんとの関係が変化したことにより、理緒の心情が大きく変化したから。
(3) 理緒は何がきっかけで、どのように心情が変化したのだろう。
(4) 人物の心情や人物同士の関係を捉えながら読み、強く印象に残ったことについて、考えたことを伝え合おう。
(5)

場面	いつ	場所	自分の問い
1	クラス替えがあった日の午後	児童館	
2	席替えの日　授業中　給食の時間	学校	
3	下校時　放課後	通学路　プレーパーク	理緒の心情の変化きっかけ

シート②

(1) 略
(2)

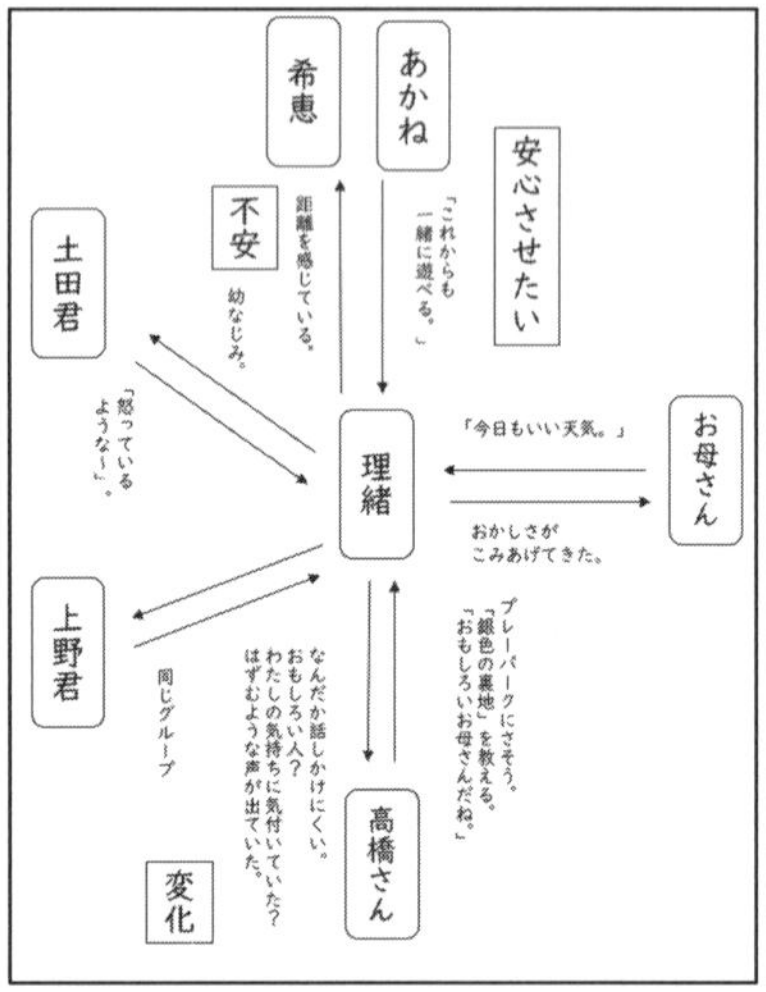
希恵
あかね
安心させたい
不安
距離を感じている。
幼なじみ。
「これからも一緒に遊べる。」
土田君
「怒っているような～」。
理緒
「今日もいい天気。」
お母さん
おかしさがこみあげてきた。
上野君
同じグループ
なんだか話しかけにくい。
おもしろい人？
わたしの気持ちに気付いていた？
はずむような声が出ていた。
プレーパークにさそう。
「銀色の裏地」を教える。
「おもしろいお母さんだね。」
高橋さん
変化

(3) あかね、希恵と距離を感じ始めた理緒は、高橋さんと仲良くなることで、寂しさが和らいでいる。

シート③

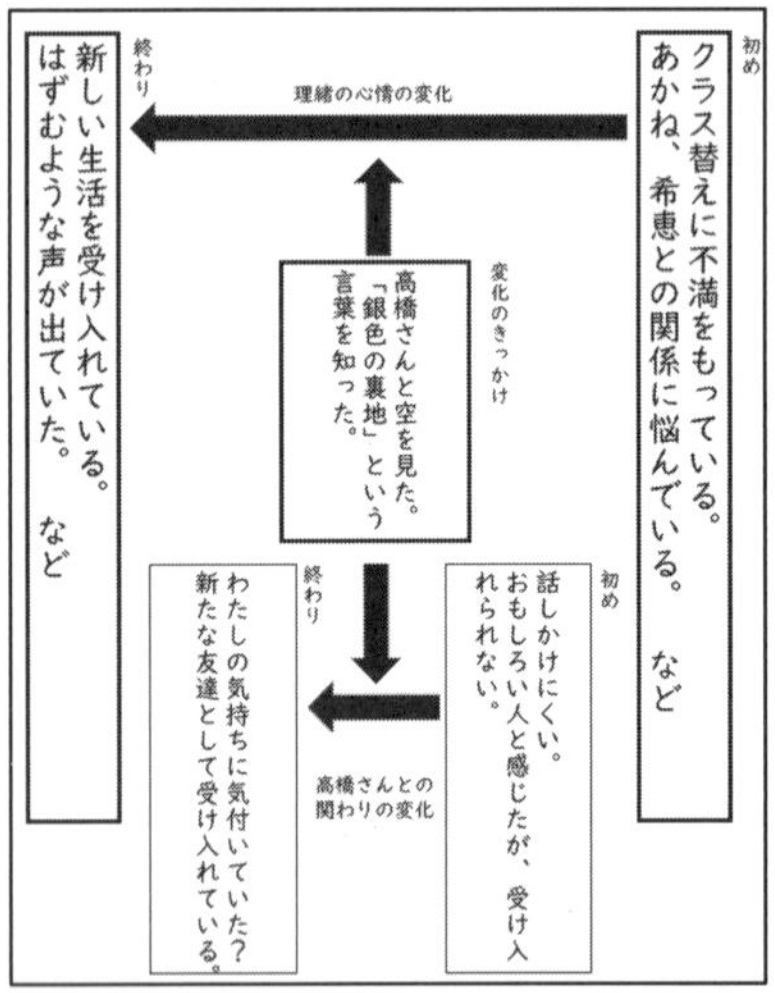
初め
クラス替えに不満をもっている。
あかね、希恵との関係に悩んでいる。　など
理緒の心情の変化
終わり
新しい生活を受け入れている。
はずむような声が出ていた。　など
変化のきっかけ
高橋さんと空を見た。
「銀色の裏地」という言葉を知った。
初め
話しかけにくい。
おもしろい人と感じたが、受け入れられない。
高橋さんとの関わりの変化
終わり
わたしの気持ちに気付いていた？
新たな友達として受け入れている。

205ページに続く

銀色の裏地①

名前（　　　　）

めあて　『銀色の裏地』を読んで「単元のめあて」を決め、物語の設定を読み取ろう。

(1)『銀色の裏地』を読んで、印象に残ったのは、どんなことですか。理由も書きましょう。

印象に残ったこと

理由

(2)「印象に残ったこと」から、自分の問いを作りましょう。

(3)「単元のめあて」を書きましょう。

(4)物語の設定をまとめましょう。また、「自分の問い」はどの場面で解決できそうですか。

場面	いつ	場所	自分の問い
1			
2			
3			

銀色の裏地②

名前（　　　　　　）

めあて　人物同士の関係を考えながら、理緒の心情を想像しよう。

(1) 理緒の心情や、他の登場人物との関わりがよく表れている表現に線を引きましょう。

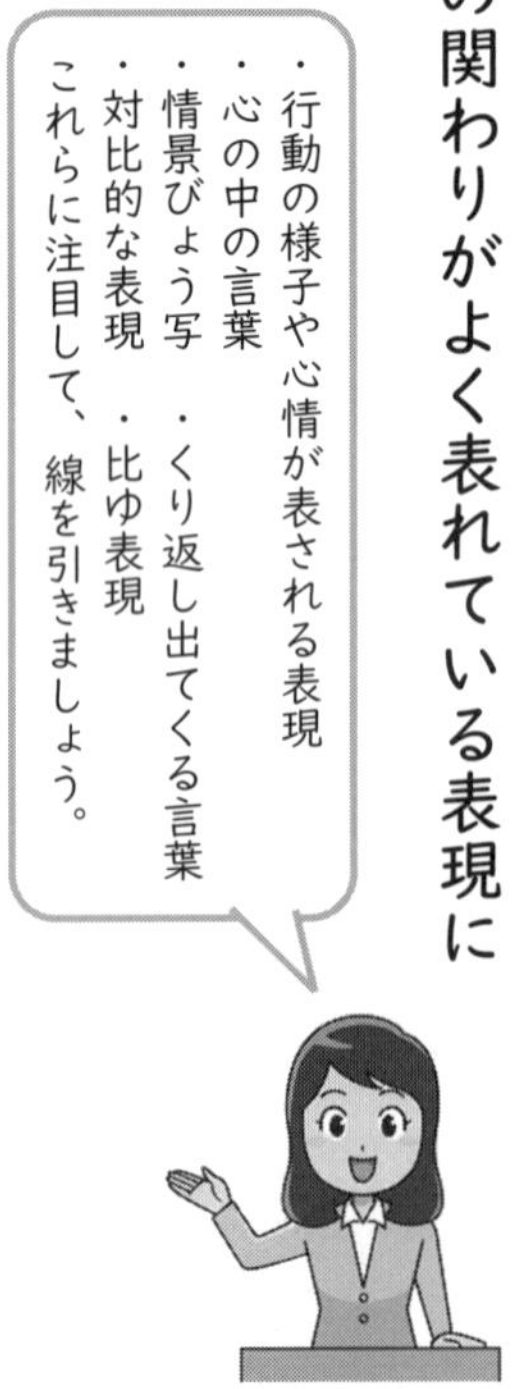

・行動の様子や心情が表される表現
・心の中の言葉
・情景びょう写　・くり返し出てくる言葉
・対比的な表現　・比ゆ表現
これらに注目して、線を引きましょう。

(2) 理緒と他の人物との関係を、心情を想像しながら関係図に表しましょう。

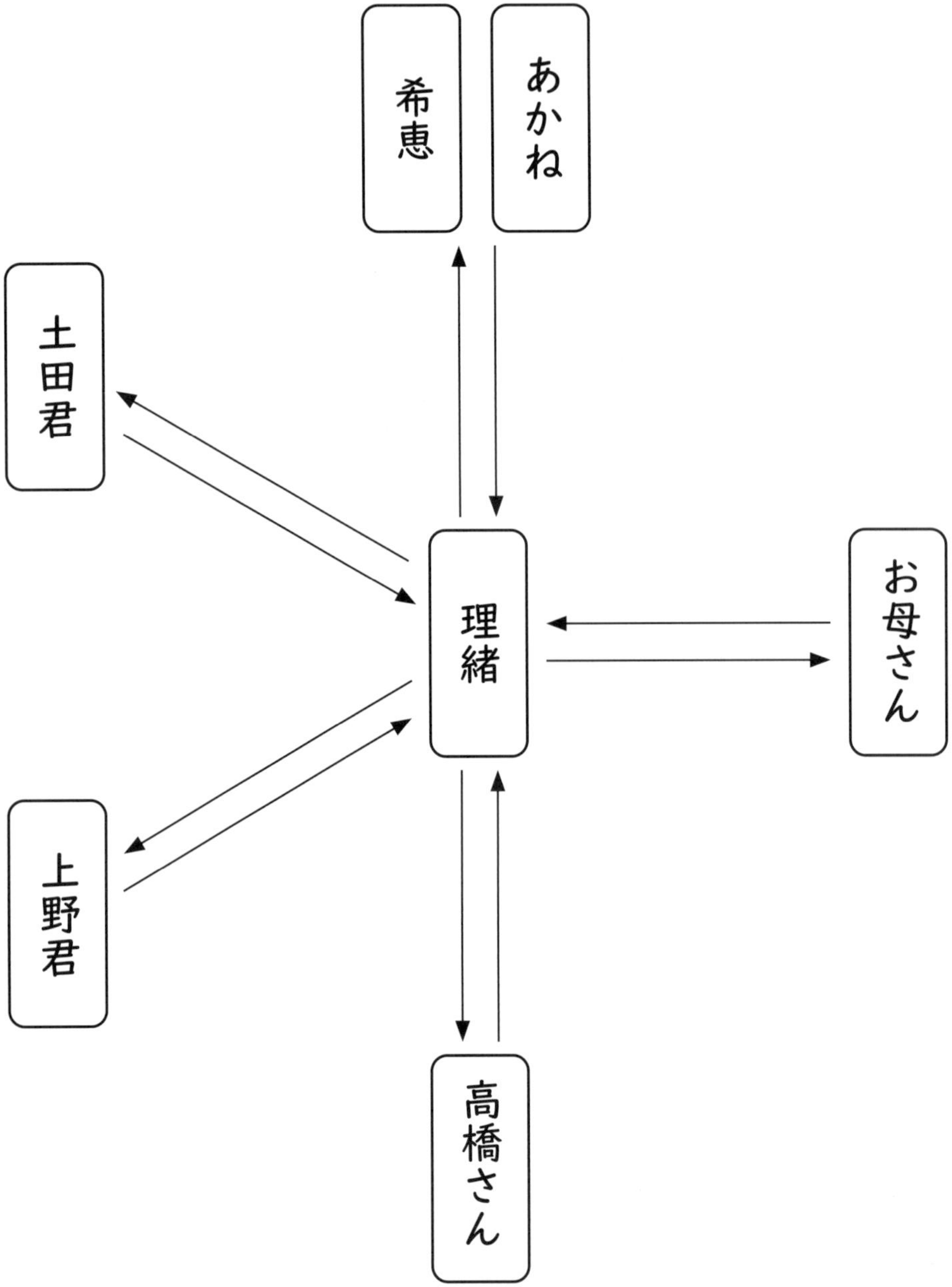

あかね
希恵
お母さん
理緒
土田君
上野君
高橋さん

(3) 理緒と他の登場人物の関係から、感じたことや考えたことを話し合いましょう。

銀色の裏地③

名前（　　　　）

めあて　理緒の心情や、高橋さんとの関わりはどのように変化したのか考えよう。

(1) 理緒の心情や高橋さんとの関わりの変化をまとめましょう。

理緒の心情の変化

初め

終わり

変化のきっかけ

高橋さんとの関わりの変化

初め

終わり

(2) 理緒は高橋さんをどんな人物だと考えているでしょうか。

(3) 「銀色の裏地」とは、どのような意味の言葉でしょうか。

銀色の裏地④

名前（　　　　）

めあて　物語を読んで、強く印象に残ったことをまとめよう。

(1) 強く印象に残ったことを次の二点から考えをまとめよう。

印象的な表現	自分の経験と重ねて感じたこと

(2) 強く印象に残ったことをまとめましょう。

（例）「銀色の裏地」という表現が強く印象に残った。

初めは「銀色の裏地」という表現の意味が分からなかった。しかし、高橋さんの「うん。くもっていても、雲の上には太陽があるから～」という言葉で、イメージがわくようになった。「いやなことがあっても、いいことはちゃんとある。」という言葉にも共感した。

これから何かいやなことがあっても「銀色の裏地」という言葉を思い出して、前向きにがんばっていきたいと思う。

銀色の裏地⑤

名前（　　　）

めあて　自分の問いに対する考えを書こう。

(1)前時に書いた「強く印象に残ったこと」を「自分の考えと似ているところ、ちがうところ」に気を付けてグループで読み合い、メモを書きましょう。

似ているところ

ちがうところ

(2)学習の初めに作った「自分の問い」を書きましょう。

(3)「自分の問い」に対する考えを書きましょう。

たずねびと

朽木 祥／作　江頭 路子／絵

六時間計画

分析の視点
登場人物
要約
主題

準備物
画像 原爆ドーム
平和祈念資料館など

指導計画

第一時　範読・音読、意味調べ
第二時　設定を考える（シート①）
第三時　場面ごとに要約する（シート②）
第四時　綾の変化を考える（シート③）
第五時　主題を考える（シート④）
第六時　テーマに対して考えたことを書く（シート⑤）

各時間の指導略案（主な指示・発問・説明）

第二時

(1)シート①を配布する
(2)「登場人物をすべて書きなさい」
(3)「場面ごとに登場人物と場所を書きなさい」
(4)「話を二つに分けるとしたらどこで分けますか」
(5)「理由を書きなさい」

第三時

(1)シート②を配布する
(2)「第一場面で重要な言葉、キーワードを三つ選び、線を引きなさい」（教科書に引かせる）
(3)発表させて、解答例の三つに絞っていきます（第二場面は、話の中に出てこないが「夢の中」というキーワードを入れます）
(4)キーワードを書かせ、要約させせます

第四時

(1)シート③を配布する
(2)「綾の変化を書きなさい」
(3)「綾に一番影響を与えた出来事は何ですか」
(4)「理由を書きなさい」

第五時

(1)シート④を配布し、薄い文字をなぞらせる
(2)「『たずねびと』の主題は何でしょうか」
(3)「理由を書きなさい」
(4)「グループで意見を交流しなさい」

第六時

(1)シート⑤を配布する
(2)課題を読ませます
(3)「あなたの考えに近い方に○を付けなさい」
(4)「あなたの考えを（例）を参考に書きなさい」
(5)「グループで話し合いなさい」
（考えの違う児童同士でグループを作る）

「解答モデル（解答例）」

シート①

(1)綾・お兄ちゃん・お母さん・受付の人・おばあさん
(2)
一　駅　綾
二　ベッド（家）　綾
三　駅　綾・お兄ちゃん
四　家　綾・お兄ちゃん・お母さん
五　原爆ドーム、慰霊碑、平和記念資料館（広島）綾・お兄ちゃん
六　追悼平和祈念館（広島）　綾・お兄ちゃん・受付の人
七　原爆供養塔（広島）　綾・お兄ちゃん・おばあさん
八　河土手、橋（広島）　綾・お兄ちゃん
(3)四の場面と五の場面の間
(4)私は、『たずねびと』は、四場面と五場面の間で分けることができると考える。なぜなら、四場面までは家や駅と身近な場所だったが、五場面からは広島に出かけているからだ。

シート②

(1)
一　原爆供養塔納骨名簿・楠木アヤ・綾
二　夢の中・「アヤ」という名前・綾
三　楠木アヤ・お兄ちゃん・綾
四　広島・せがんだ・綾
五　一発の爆弾・十四万人・綾
六　原爆・たくさんの子ども・綾
七　おばあさん・わすれんで・綾
八　一発の爆弾・忘れない・綾

2
一　原爆供養塔納骨名簿に楠木アヤという名前を見つける綾。
二　夢の中で「アヤ」という名前がうかんで見えた綾。
三　もう一度駅に行き、お兄ちゃんに「楠木アヤ」を教える綾。
四　アヤを探しに広島に行きたいとお兄ちゃんにせがんだ綾。
五　一発の爆弾で約十四万人の人がなくなったことを知った綾。
六　原爆でたくさんの子どもたちがなくなったことを知った綾。
七　おばあさんに、アヤのことをわすれんでと言われた綾。
八　広島で知った一発の爆弾のことを忘れないでいようと思った綾。

205ページに続く

たずねびと①

名前（　　　　）

『たずねびと』の設定について考えましょう。

(1) 登場人物をすべて書きましょう。

(2) 場面ごとに「場所」「登場人物」をまとめましょう。

	場所	登場人物
一		
二		
三		
四		
五		
六		
七		
八		

(3) 『たずねびと』を二つに分けるとしたらどこで分けますか。

場面と　　　　場面の間

(4) (3)のように考えた理由を書きましょう。うすい文字はなぞりましょう。

私は、『たずねびと』は、場面と場面の間で分けることができると考える。なぜなら、

◎場面ごとに設定をまとめ、物語を二つに分けることができました。

たずねびと②

場面ごとに要約しましょう。

名前（　　　　　）

(1) 場面ごとに大切な言葉（キーワード）を三つずつ書きましょう。

一	原爆供養塔納骨名簿	楠木アヤ	綾
二	夢の中		
三			
四			
五			
六			
七			
八			

(2) 場面ごとに次の条件で要約しましょう。

・句読点もふくめ三十文字以内にします・文の最後は「～綾。」にします

一	二	三	四	五	六	七	八

たずねびと③

名前（　　　　　　）

綾の変化について考えましょう。

(1) 綾は最初と最後でどのように変化しましたか。

最初

最後

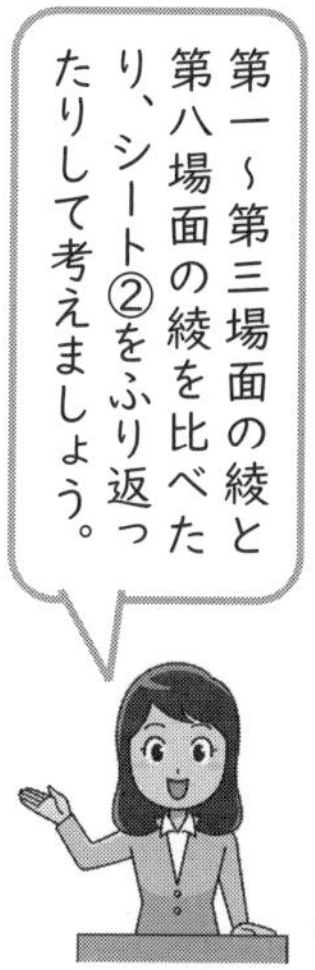
第一〜第三場面の綾と第八場面の綾を比べたり、シート②をふり返ったりして考えましょう。

(2) 綾の変化に一番えいきょうを与えたのは、次の三つのうちどれでしょうか。第何場面かを書き、文をうつしましょう。

第五場面	平和記念資料館で一発の爆弾により約十四万人がなくなったことを知ったこと。
第六場面	追悼平和祈念館で、たくさんの子どもがなくなったことを知ったこと。
第七場面	原爆供養塔でおばあさんからアヤの話を聞いたこと。

第　場面

(3) (2)のように考えた理由を、(例)を参考に書きましょう。

(例) 私は、綾の変化に一番えいきょうを与えたのは、第〇場面の〜ことだと考える。なぜか。

第一に、〇ページ〇行目に「〜」と書かれている。つまり〜ということだ。

第二に、〇ページ〇行目に「〜」と書かれている。つまり〜ということだ。

第三に、〇ページ〇行目に「〜」と書かれている。つまり〜ということだ。

よって、綾の変化に一番えいきょうを与えたのは、第〇場面の〜ことなのである。

◎綾の変化を考えることができました。

たずねびと④

名前（　　　　　）

『たずねびと』の主題を考えましょう。

(1) 主題について知りましょう。うすい文字をなぞりましょう。

主題

作品を通して伝えたいことは、主役の変化から考えられることが多い。

(2) 主題は次のように考えられます。うすい文字をなぞりましょう。

うらしま太郎	約束は守らなければならない。
おおきなかぶ	協力すれば、物事を達成できる。

五年生の最初に学習した『なまえつけてよ』は「人には意外な一面がある」という主題が考えられますね。

(3) 『たずねびと』の主題は何でしょうか。第八場面の綾の考えや、シート③を参考に考えましょう。

(4) (3)のように考えた理由を、次の文型で書きましょう。

私は『たずねびと』の主題は、「～」だと考える。なぜか。
第一に、～（理由を書く）からだ。つまり、～ということだ。
第二に、～（理由を書く）からだ。つまり、～ということだ。
第三に、～（理由を書く）からだ。つまり、～ということだ。
よって、『たずねびと』の主題は～なのである。

◎『たずねびと』の主題を考えることができました。

たずねびと⑤

名前（　　　　）

テーマに対する自分の考えを書きましょう。

(1)次のテーマについて、あなたの考えはどちらに近いですか。

『たずねびと』は戦争をテーマにした作品です。作者は様々な思いをこめて作品を書いています。小学五年生のあなたは戦争を体験していません。読み手が体験していないことが言葉で伝わるのでしょうか。

	心にひびく言葉を使えば伝わる。
	書いた人の気持ちをおしつけられている気がする。

(2)なぜ(1)のように考えたのか、（例）を参考に自分の経験を入れて書きましょう。

（例）わたしは「体験していないことが言葉で伝わるのか」というテーマに対し、～（(1)で選んだ文を書く）と考える。

まず、『たずねびと』を読んで、わたしは～と感じた。つまり～ということだ。また、わたしは～（自分の経験を書く）という経験をしたことがある。つまり、～ということだ。

よって、わたしは「体験していないことが言葉で伝わるのか」というテーマに対し、～（(1)で選んだ文を書く）だと考えるのである。

◎テーマに対する自分の考えが書けました。

大造じいさんとガン

六時間計画

椋　鳩十／作　水上　みのり／絵

準備物
画像　情景描写に沿った風景

分析の視点
クライマックス
主題
色のイメージ

指導計画

第一時　範読・音読、意味調べ（ノート）
第二時　三回の戦いをまとめる（シート①）
第三時　残雪とハヤブサの戦いを考える（シート②）
第四時　色のイメージの検討（シート③）
第五時　物語の魅力を伝える文章を書く（シート④）
第六時　主題を検討する（シート⑤）

各時間の指導略案（主な指示・発問・説明）

第二時

(1)シート①を配布する
(2)「うなぎつりばり作戦についてまとめなさい」
(3)同様に枠に書きこませていきます
(4)「それぞれの戦いの勝者はどちらですか」
(5)「三回目の戦いについて、勝者を話し合いなさい」

第三時

(1)シート②を配布する
(2)「ガンとハヤブサについて調べなさい」
(3)「大造じいさんの心情が変化した文を書きなさい」
(4)「理由を（例）を参考に書きなさい」

第四時

(1)シート③を配布し、吹き出しを読ませる
(2)薄い文字をなぞらせ、教科書に線を引かせます
(3)他の場面の情景描写に線を引かせます
(4)「線を引いた文を、シートに書き写しなさい」
(5)「一番好きな情景描写を選び、理由を書きなさい」

第五時

(1)シート④を配布する
(2)「話の中で心に残った行動や態度を書きなさい」
(3)「理由を書き、物語の魅力を考えなさい」
(4)「例を参考に魅力をまとめた文章を書きなさい」
(5)グループで意見を交流させます

第六時

(1)シート⑤を配布し、薄い文字をなぞらせる
(2)「大造じいさんの変化を枠の中に書きなさい」
(3)「『大造じいさんとガン』の主題を書きなさい」
(4)グループで話し合わせる
（自分とは違う考えを一つ書かせる）

「解答モデル（解答例）」

シート①

(1)1回目　うなぎつりばり作戦
・えをすぐには飲みこまないで、まず、くちばしでいじょうがないか確かめてから飲みこむよう指導した。
・小さな頭の中にたいしたちえをもっているものだなと感嘆した。
2回目　タニシばらまき作戦
・タニシをたくさんばらまいて、ガンのお気に入りのえさ場にする。
・昨日までなかった小さな小屋に気付いて、ぬま地のずっと西側のはしに着陸した。
・広いぬま地の向こうをじっと見つめたまま、「ううん。」と、うなってしまった。
3回目　ガンおとり作戦
・大造じいさんになついたガンをおとりに使って、残雪の仲間をとらえる。
・やってきたハヤブサから仲間を救おうとした。
・強く心を打たれて、ただの鳥に対しているような気がしなかった。
(2)1回目　残雪
2回目　残雪
3回目　勝敗なし
(3)略

シート②

(1)ガン　全長七十センチメートルほど
落穂　草の種子　葉
現在は狩猟が禁止されている
ハヤブサ四十センチメートルほど
肉食（特に小鳥を食べる）
河川や湖などの周辺に生息する
(2)二百四十一ページ三行目
が、なんと思ったか、再びじゅうを下ろしてしまいました。
(3)私は、二百四十一ページ三行目の「が、なんと思ったか、再びじゅうを下ろしてしまいました。」という文で、大造じいさんの残雪に対する心情が変化したと考える。なぜなら、仲間を助けようとする残雪を見て、簡単にうち落とすことができないと感じ、じゅうをおろしたと考えられるからだ。
(4)略

シート③

(1)一略
二（表現）あかつきの光が、小屋の中にすがすがしく流れこんできました。（心情）作戦がうまくいき、ガンの群れを捕らえることができそうで期待が高まっている。
三東の空が真っ赤に燃えて、朝が来ました。今年は決着をつけると、気持ちが高まっている。

206ページに続く

大造じいさんとガン①

名前（　　　　）

大造じいさんとガンの三回の戦いについて考えましょう。

(1) 三回の戦いについて表にまとめましょう。うすい文字はなぞりましょう。

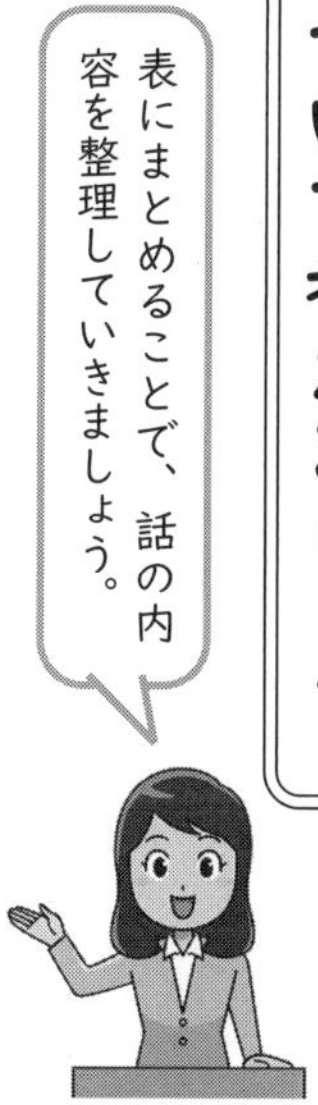
表にまとめることで、話の内容を整理していきましょう。

	一回目	二回目	三回目
	うなぎつりばり作戦		
作戦の内容	・ガンのえをあさる辺り一面にくいを打ちこんで、タニシを付けたウナギつりばりを、たたみ糸で結び付けておく。		
残雪の対応			
戦いの後の大造じいさんの行動や感じたこと			

(2) それぞれの戦いで、勝ったのはどちらでしょうか。

一回目

二回目

三回目

(3) 三回目の戦いはどちらが勝ったのか、話し合いましょう。

大造じいさんとガン②

名前（　　　　　）

残雪とハヤブサの戦いについて考えましょう。

(1) 「ガン」と「ハヤブサ」について調べましょう。

	ガン	ハヤブサ
大きさ		
食べ物		
その他		

国語辞典の早引き競争をして、調べる力をつけましょう。

(2) 残雪とハヤブサの戦いを見て、大造じいさんの残雪に対する心情が変化しています。どの文から変化したと考えますか。書き抜きましょう。

（　　）ページ（　　）行目

心情が変化する場面をクライマックスといいます。

(3) (2)の文を選んだ理由を（例）を参考に書きましょう。

（例）私は、○ページ○行目の「　　　　」という文で、大造じいさんの残雪に対する心情が変化したと考える。なぜなら、～だからだ。

(4) (3)で書いたことについて話し合いましょう。

大造じいさんとガン③

名前（　　　　）

情景をえがいた表現の効果について考えましょう。

(1) 場面ごとに情景をえがいた表現を見つけ、どんな心情が表されているのか考えましょう。うすい文字はなぞりましょう。

場面	情景をえがいた表現	大造じいさんの心情
一	秋の日が、美しくかがやいていました。	たくさんのガンが捕れると期待している。
二		
三		
四		

(2) 第一～第四の場面の情景をえがいた表現の中で、一番好きな表現をえらび、その理由を書きましょう。うすい文字はなぞりましょう。

わたしが一番好きな情景をえがいた表現は、場面の「　　　」という表現だ。

なぜなら、

◎情景をえがいた表現の効果について考えることができました。

大造じいさんとガン④

名前（　　　　　　　　）

『大造じいさんとガン』のみりょくを考え、文章を書きましょう。

(1) 残雪や大造じいさんの行動や態度、言葉などから心に残ったことを一つ書きましょう。

(2) (1)で選んだ理由を書きましょう。

(3) (1)と(2)を組み合わせて、物語のみりょくを考えましょう。

例えば、(1)は「残雪の仲間を守ろうとする態度」(2)は「リーダーとしての強さを感じたから」(3)は「残雪の仲間を守ろうとする態度から、リーダーとしての強さをかんじるところ」などが考えられます。

(4) 物語のみりょくをまとめた文章を（例）を参考に書きましょう。

（例）この物語のみりょくは、～（(3)で書いたことを書く）だと考える。
一番好きな情景をえがいた表現は、「（シート③設問(2)で選んだ表現を書く）」だ。なぜなら、
～（シート③設問(2)で書いた理由を書く）だからだ。
この話を読んで、～（感想などを書く）と思った

大造じいさんとガン⑤

名前（　　　　）

大造じいさんの変化を読み取り、主題を考えましょう。

(1) 主題について知りましょう。うすい文字をなぞりましょう。

作品を通して伝えたいことは、主役の変化から考えられることが多い。

(2) 大造じいさんの心情は、最初と最後でどのように変化しましたか。
また、大造じいさんを変化させたもの（こと）は何でしょうか。

最初

最後

大造じいさんを変化させたもの（こと）

(3) 『大造じいさんとガン』の主題を(2)で書いたことを参考に考えましょう。

(4) (3)のように考えた理由を書きましょう。うすい文字はなぞりましょう。

私は、『大造じいさんとガン』の主題は「　　」だと考える。なぜなら、

(5) グループや全体で、『大造じいさんとガン』の主題について話し合いましょう。
自分とは違う考えを、一つ書きましょう。

帰り道

森 絵都／作　スカイエマ／絵

五時間計画

分析の視点
登場人物
クライマックス

準備物
特になし

指導計画

第一時　範読・音読
第二時　登場人物の検討、意味調べ
第三時　二人の感じ方を考える（シート①）
第四時　二人の人物像を考える（シート②）
第五時　クライマックスを検討する（シート③）

各時間の指導略案（主な指示・発問・説明）

第三時

(1)シート①を配布する
(2)場面分けをする（以下の通り）
律・放課後の～　・今日の昼休み～　・返事をしない～　・市立公園～　・単純すぎる～
周也・何もなかった～　・昼休み～　・この前～
（周也が一人でしゃべりつづけている時に戻る）
・無言のまま歩道橋を～　・なんだ、～
・はっとしたのは～
(3)「周也が一人で話しかけている時の律のとらえ方や心情を、二つ、表に書きなさい」
(4)同様にして他の枠にも書かせます
(5)「共通点と異なる点を書きなさい」

第四時

(1)シート②を配布する
(2)「律と周也の人物像が分かる文に線を引きなさい」
（例）ぼくだけが、あのことを引きずっている～
(3)「律と周也はどのような人物でしょうか」
（例示をするため、事前に「人物像　表す言葉」で検索しておきます「芯が強い」「控え目」など）
(4)「律と周也どちらかを選び、理由を書きなさい」
(5)「グループで発表しなさい」

第五時

(1)シート③を配布し、吹き出しを読ませる
(2)「律と周也がすれ違うきっかけとなった出来事、また、元に戻るきっかけとなった出来事を書きなさい」
(3)「律、周也どちらかを選び、なぜ②の文を選んだのか、例を参考に書きなさい」
(4)同じ登場人物を選んだ児童同士でグループをつくります
(5)「クライマックスについて話し合いなさい」

「解答モデル（解答例）」
シート①

(1)
「律」
周也が一人でしゃべり続けている時
今日のぼくにはついていけない。ぼくだけがあのことを引きずっているみたいで、一歩前を行く紺色のパーカーが、どんどんにくらしく見えてくる。
昼休みの出来事
そのテンポに、ぼくだけついていけなかった。先のとがったするどいものが、みぞおちの辺りにずきっとささった。
二人ともだまりこんでしまった時
どうして、ぼく、すぐに立ち止まっちゃうんだろう。思っていることが、なんで言えないんだろう。
天気雨に降られた時
空一面からシャワーの水が降ってきた。気がつくと、みぞおちの異物が消えていた。
雨が上がり、二人で歩き始めた時
今、言わなきゃ、きっと二度と言えない。分かってもらえた気がした。

「周也」
周也が一人でしゃべり続けている時
何もなかったみたいにふるまえば、何もなかったことになる。やっぱり、律はおこってるんだ。
昼休みの出来事
軽くつっこんだつもりが、律の顔を見て、重くひびいてしまったのが分かった。まずい、と思うも、もうおそい。
二人ともだまりこんでしまった時
何も言えない。言葉が出ない。あわてるほどにぼくの口は動かなくなって、逆に、足は律からにげるようにスピードを増していく。
天気雨に降られた時
ぼくがむだに放っていた球の逆襲。律もいっしょに笑ってくれたのがうれしくて、ぼくはことさらに大声をはり上げた。
雨が上がり、二人で歩き始めた時
こんなときにかぎって口が動かず、できたのはだまってうなずくだけ。でも、ぼくは初めて、律の言葉をちゃんと受け止められたのかもしれない。

(2)
共通点
・お互いの性格をうらやましく思っていること。
異なる点
・テンポよくすごしたり、マイペースに過ごしたりする性格。

206ページに続く

帰り道①

名前（　　　　）

「律」と「周也」の感じ方の共通点や異なる点を考えましょう。

(1) 出来事について、二人のとらえ方や心情を、表にまとめましょう。

場面	周也が一人でしゃべり続けている時	昼休みの出来事	二人ともだまりこんでしまった時	天気雨に降られた時	雨が上がり、二人で歩き始めた時
「律」					
「周也」					

(2) 共通点と、異なる点は何でしょうか。

共通点

異なる点

帰り道②

名前（　　　　）

「律」と「周也」の人物像を考えましょう。

(1) 「律」と「周也」の人物像が分かる文に線を引きましょう。

線を引いたところから、どのような人物なのか、考えることができますね。

(2) 「律」と「周也」はどのような人物でしょうか。

律

周也

(3) 「律」「周也」のどちらかを選び、(2)のように考えた理由を、(例)を参考に書きましょう。

(例) 私は（律／周也）は～、（(2)で書いたことを書く）人物だと考える。なぜか。

第一に、〇ページ〇行目に～と書かれている。つまり、～だ。

第二に、〇ページ〇行目に～と書かれている。つまり、～だ。

第三に、〇ページ〇行目に～と書かれている。つまり、～だ。

よって、（律／周也）は、（(2)で書いたことを書く）人物だと考えるのである。

◎「律」と「周也」の人物像を考えることができました。

帰り道③

名前（　　　　　）

クライマックスについて考えましょう。

(1)「律」と「周也」がすれ違うきっかけとなった出来事は何ですか。また、元にもどるきっかけとなった出来事は何ですか。

すれ違うきっかけ

元にもどるきっかけ

クライマックスとは、話が一番盛り上がるところです。「律」と「周也」の仲が元にもどるところを考えてみましょう。

(2)「律」と「周也」の仲が元にもどった一文はどこですか。1、2でそれぞれ書きましょう。

1

2

(3) 1、2どちらかを選び、(2)のように考えた理由を、(例)を参考に書きましょう。

(例) 私は、二人の仲が元にもどった一文は「～（(2)で書いた文を書く）」だと考える。なぜか。

第一に、○ページ○行目に～と書かれている。つまり、～だ。

第二に、○ページ○行目に～と書かれている。つまり、～だ。

第三に、○ページ○行目に～と書かれている。つまり、～だ。

よって、二人の仲が元にもどった一文は「～（(2)で書いた文を書く）」だと考えるのである。

やまなし　七時間計画

宮沢　賢治／作　かすや　昌宏／絵

分析の視点
対比
色のイメージ
象徴

準備物
画像「幻灯、幻灯機、やまなし」
詩「雨ニモマケズ」

指導計画

第一時　範読・音読、意味調べ
第二時　感想や疑問点をノートに書く
第三時　スクリーンの位置の検討（シート①）
第四時　谷川の深さの検討（シート②）
第五時　五月と十二月の対比（シート③）
第六時　色のイメージの検討（シート④）
第七時　「やまなし」の意味の検討（シート⑤）

各時間の指導略案（主な指示・発問・説明）

第三時
(1)シート①を配布する
(2)「前書きと後書きを書き写しなさい」
(3)「幻灯とは何ですか。辞書で調べなさい」スライド
(4)「幻灯を写すためのスクリーンはどこにありますか。作者、幻灯機、スクリーンの位置をかきなさい」
(5)「グループで話し合いをしなさい」

第四時
(1)シート②を配布する
(2)「谷川について分かることを箇条書きしなさい」
(3)「谷川にいるのはサワガニです。大人でも5cmぐらいです。子供のサワガニは小指の爪ぐらいの大きさです」
(4)「谷川の深さはどれぐらいだと考えますか」
(5)「グループで話し合いなさい」
(6)「谷川の世界を表す言葉を教科書から探して書きなさい」

第五時
(1)シート③を配布し、吹き出しを読ませる
(2)「五月と十二月で対比されているものを書きなさい」
(3)「書いたものを発表しなさい」
(4)「全体として、五月、十二月はどんなイメージだと考えますか。理由も書きなさい」
(5)「グループで話し合いなさい」

第六時
(1)「話に出てくる色を教科書から探して○で囲みなさい」
(2)「隣同士で確認しなさい」
(3)シート④を配布する
(4)「色と何を表しているかをシートに書きなさい」
(5)「色を三つのイメージで分けなさい」
(6)「一番良い、一番悪いイメージの色はなんですか」

第七時
(1)シート⑤を配布し、吹き出しを読ませる
(2)「『かにの兄弟』などは何の象徴でしょうか」
(3)「作者が『やまなし』を題名にした理由を書きなさい」
(4)「『やまなし』の主題を書きなさい」

「解答モデル（解答例）」

シート①
(1)小さな谷川の底を写した、二枚の青い幻灯です。私の幻灯は、これでおしまいであります。
(2)スライド
(3)絵

理由　作者が、スクリーンの横に立って、話をしていると考えたから。「私の幻灯は」と書かれているので、作者が想像しているのではないかと考えたから。
(4)略

シート②
(1)・底は青白い水・魚が泳いでいる・クラムボンがいる　など
(2)三十センチメートル
(3)かわせみなどの鳥が魚を取って食べるには川は浅くなければ取れないから。
(4)天井　上（かみ）　下（しも）

シート③
(1)日光⇕月光　暗い⇕明るい　青白い水の底⇕冷たい水の底　小さなかにの兄弟⇕成長したかにの兄弟　かわせみ⇕やまなし　死⇕生
②五月　死
十二月　生
③五月には、殺されたや暗いなど死に関する表現がされていて、十二月は暗い表現はなく、カニの親子がおだやかに生活しているから。

シート④
(1)青　幻灯、青白い　水の底、青　上の方や横の方、銀　魚の腹、黄金　日光、白　岩、黄金　光、鉄色　魚、黒　魚のかげ、白　あわ、青光り　かわせみ、青　かわせみ、黒　かわせみのくちばしの先、白　魚の腹、青　かわせみ、黄金　光、青　かわせみ、黒　くちばしの先、赤　かわせみの目、白　かばの花びら、白　丸石、青白い　波、黒　やまなし、黄金　やまなしのぶち、黒　かにの親子のかげ法師、青　天井の波、青白い　波
(2)良いイメージ・黄金・白い・青白い
どちらとも言えないイメージ・銀の色・鉄色
悪いイメージ
・青・黒・赤
(3)一番良い・黄金　一番悪い・赤

207ページに続く

やまなし①

名前（　　　　）

スクリーンの位置について考えましょう。

前書きと後書きから、『やまなし』の設定を考えてみましょう。

(1) 前書きと後書きを視写しましょう。

前書き

後書き

(2) 「幻灯」とは、今でいう何になりますか。

(3) 幻灯を写すためには、スクリーンが必要です。スクリーンの位置はどこですか。
作者、幻灯機、スクリーンの位置関係を絵で表しましょう。

理由

(4) スクリーンの位置について話し合いましょう。また、自分とは違う考え（絵）を書きましょう。

◎スクリーンの位置について考えることができました。

やまなし②

名前（　　　　）

谷川の様子について考えましょう。

(1)谷川について分かることをかじょう書きしましょう。うすい文字はなぞりましょう。

・小さな谷川である
・かにの親子がくらしている

(2)谷川の深さはどれぐらいでしょうか。「何センチメートル、もしくは何メートルぐらい」のように書きましょう。

(3)(2)のように考えた理由を書きましょう。

(4)作者は谷川の世界を様々な言葉で表現しています。うすい文字をなぞりましょう。また、「天井」「上（かみ）」「下（しも）」を（　　）の中に書きましょう。

水面　（　　　　　）

上（うえ）

（　　　　）←（　　　　）

横　水の流れ　横

川底　下（した）

◎谷川のようすについて考えることができました。

やまなし③

名前（　　　　）

五月と十二月を対比しましょう。

(1) 五月と十二月で対比されているものを書きましょう。うすい文字は、なぞりましょう。

五月	日光
十二月	月光

対比とは、二つを比べることです。大人と子供の対比なら、「大きい⇔小さい」などが考えられます。

(2) 五月、十二月はそれぞれどんなイメージでしょうか。

五月

十二月

(1)で書いたものを参考に、五月十二月が全体として、どんなイメージをもつのか考えましょう。

(3) (2)のように考えた理由を書きましょう。

◎五月と十二月を対比することができました。

やまなし④

名前（　　　　）

『やまなし』に出てくる色について考えましょう。

色のイメージを考えることで、作者が何を伝えたいのかを考える手がかりとなります。

(1) どんな色で何が表現されているか書き出しましょう。うすい文字はなぞりましょう。

色	何の色か
青	幻灯

(2) (1)で書いた色を、次のイメージの色で分けましょう。
・良いイメージで使われている色
・どちらともいえないイメージの色
・悪いイメージで使われている色

	良いイメージ	どちらともいえないイメージ	悪いイメージ
色			

(3) 一番良いイメージで使われている色、一番悪いイメージで使われている色を書きましょう。

良い

悪い

やまなし⑤

名前（　　　　）

なぜ『やまなし』という題名なのか考えましょう。

(1) 象徴とは、次のように定義されます。うすい文字をなぞりましょう。

言葉のもつ別の意味。シンボル。（例）はとは平和の象徴

象徴は、他にも
赤は「情熱」
カラスは「恐怖」
7は「幸運」
などがありますね。

(2) 次のものは、何の象徴でしょうか。

かにの兄弟	
クラムボン	
魚	
かわせみ	
やまなし	

(3) 宮沢賢治がなぜ『やまなし』を題名にしたのか、対比（シート③）色のイメージ（シート④）や象徴をもとに考えましょう。

(4) 『やまなし』の主題（作品が伝えたいこと）は何でしょうか。

◎なぜ『やまなし』という題名なのか考えることができました。

ぼくのブック・ウーマン　四時間計画

ヘザー＝ヘンソン／作　藤原　宏之／訳
デイビット＝スモール／絵

分析の視点
設定
視点

準備物
拡大したシート

指導計画

第一時　音読・単元のめあてを立てる（シート①）
第二時　「カル」の変化をとらえる（シート②）
第三時　読んで考えたことをまとめる（シート③）
第四時　交流する

各時間の指導略案（主な指示・発問・説明）

第一時

(1) シート①を配布する
(2) 「『ぼくの～』の題名から、どんな話だと想像できますか」
(3) 「音読しなさい」（範読を聞く）
(4) 「最も心を引かれたのはどんなところですか」
(5) 「単元のめあてを考えなさい」
(6) 「物語の設定を考えなさい」

第二時

(1) シート②を配布する
(2) 「カルの視点で書かれている効果を考えなさい」
(3) 「カルの本やブック・ウーマンに対する考え方が表されている言葉や文を書きなさい。」
・黒板に拡大したシートを貼って一緒に書いたり、ICTを活用したりする
(4) 「カルの変化をまとめなさい」

第三時

(1) 「最も心が引かれたことを振り返りなさい」
(2) 「物語を読んで考えたことをまとめなさい」

第四時

(1) 「書いた文章を交流しなさい」

「解答モデル（解答例）」

シート①

(1) 私は、どんな状況でも本を届けるブック・ウーマンの行動に心を引かれました。仕事だからというのは簡単ですが、本を届けたいという強い気持ちがあるからこそ、このような行動ができるのだと思います。普段何気なく本を読んでいますが、手元に本があるありがたさを改めて感じました。
(2) 物語にえがかれていることを自分自身と結び付けながらら読み、考えたことを伝え合おう。
(3)
(一) 一九三〇年代　アメリカ
(二) カル　ブックウーマン
　妹（ラーク）父さん　母さん
(三) 略

シート②

(1) カルの気持ちに共感しやすい。
(2) カルに自分自身を投影しやすい。など

場面	本	ブック・ウーマン
①	ニワトリの引っかいたあとみたいな文字をにらんで、じっとすわっているのはがまんができない。	
②	ぼくにとってはまるっきり宝物なんかじゃない。くだらない、ふるびた本に使うお金なんて、ありはしない。	なんてむだなことをするのだろう。あの人が今度～ちっともかまわない。
③	「なんて書いてあるか、教えて。」静かに本を読み始めた。	勇気があるのは馬だけじゃない。乗っている人だって勇気がある。やって来る訳をどうしても知りたくなった。
⑤	何が書いてあるか分かる。ほんの少しだけ、声に出して読んだ。	思い切ってぼくの気持ちを伝えた。思わず、ぼくもほほえみ返した。

(3)
・初め本に興味がなかった「カル」が、ブック・ウーマンとの交流を通して、興味をもつようになった。
・初めブックウーマンが本を届けてくれることに対して、「むだなこと」と思っていた「カル」が、困難な状況でも本を届けてくれるブック・ウーマンの行動を見る中で、感謝の気持ちをもつようになった。

シート③

略

ぼくのブック・ウーマン①

名前（　　　　　）

めあて　「ぼくのブック・ウーマン」を読んで「単元のめあて」を決め、物語の設定を読み取ろう。

(1)「ぼくのブック・ウーマン」を読んで、最も心を引かれたのは、どんなことですか。ブックウーマンや、本を読むことに関しては、どのように感じたでしょうか。

(2)「単元のめあて」を書きましょう。

(3)物語の設定を書きましょう。

（一）いつの話ですか。どこの国の話ですか。

（二）登場人物を書きましょう。

（三）それぞれどんな人物なのか、話し合いましょう。

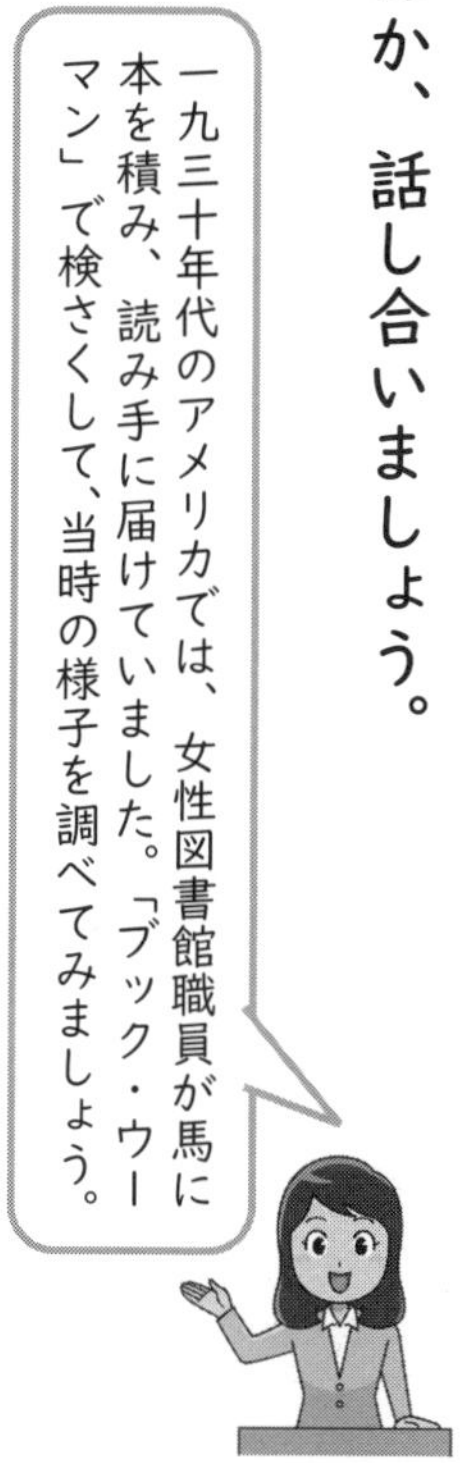

一九三十年代のアメリカでは、女性図書館職員が馬に本を積み、読み手に届けていました。「ブック・ウーマン」で検さくして、当時の様子を調べてみましょう。

ぼくのブック・ウーマン②

名前（　　　　）

めあて　カルの変化をとらえよう。

(1)「カル」の視点で書かれることにより、どのような効果がありますか。

(2)「カル」の「本」や「ブック・ウーマン」に対する考え方が表れている言葉や文を書きましょう。

場面	①	②	③	④
本				
ブック・ウーマン				

(3)「カル」の変化をまとめましょう。

(例) 初め〜だった「カル」が、〜によって、〜になった。

「本」に対して

「ブック・ウーマン」に対して

ぼくのブック・ウーマン③

名前（　　　　）

めあて　物語を読んで考えたことを、自分自身の生活や読書経験などと結び付けて、文章にまとめよう。

(1) 初めに書いた「最も心を引かれたこと」をふり返り、今の考えと比かくしましょう。

② 自分の生活や読書経験と結び付けながら、物語を読んで考えたことをまとめましょう。

(例)

私は、この物語を読んで、人との出会いが、生き方に大きなえいきょうを与えると考えた。

初め「カル」は、本にみりょくを感じず、「ブック・ウーマン」に対しても関心がなかった。しかし、最後の場面では、「ブック・ウーマン」の前で、ほんの少しだけ、声に出して本を読んでいる。「ブック・ウーマン」と出会うことで、本のみりょくに気付いたのだ。これは、今後の「カル」の生き方に大きなえいきょうを与えるだろう。

私にも似たような経験がある。私は将来、保育士になりたいと思っている。それは、保育園の時の先生にあこがれ、「私もこんな先生になりたい」と思ったからである。これから、人との出会いを大切にしていきたいと思う。

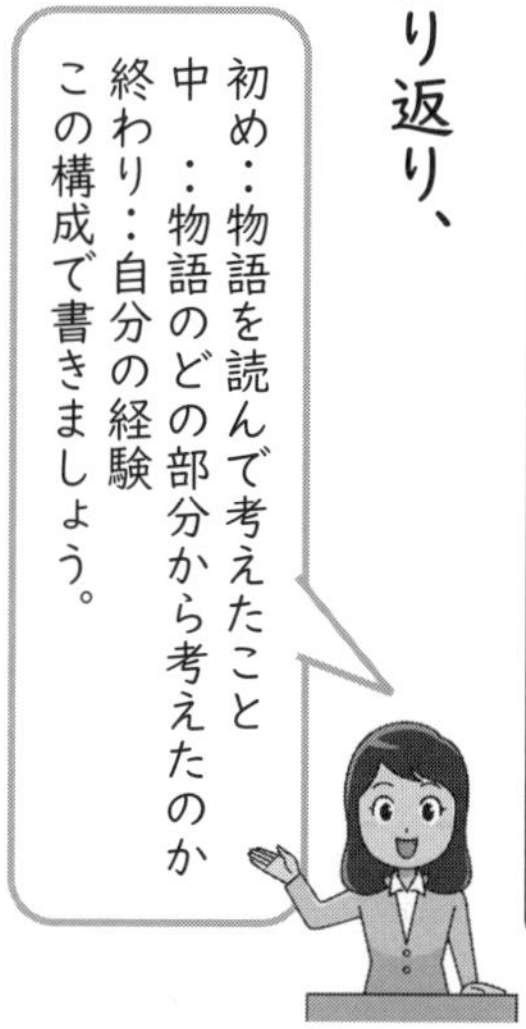

初め：物語を読んで考えたこと
中　：物語のどの部分から考えたのか
終わり：自分の経験
この構成で書きましょう。

海の命

立松　和平／作　伊勢　英子／絵

六時間計画

分析の視点
クライマックス
色のイメージ

準備物
画像　クエ
本　『山のいのち』など

指導計画

第一時　範読・音読
第二時　意味調べ、相関図作成（シート①）
第三時　テーマを決めて話し合い（シート②）
第四時　クライマックスの検討（シート③）
第五時　色の検討（シート④）
第六時　「海の命」の伝えたいことを考える（シート⑤）

各時間の指導略案（主な指示・発問・説明）

第二時

(1) シート①を配布する
(2) 「意味調べをしなさい」
(3) 「登場人物をすべて書きなさい」
(4) 「登場人物が太一とどのように関わっているのか考え、相関図を書きなさい」

第三時

(1) シート②を配布する
(2) 「『海の命』を読んで、疑問に思ったことや話し合いたいことを箇条書きしなさい」
(3) 発表させ、テーマを決めます（一つに絞り全員で考えさせてもよいし、テーマごとにグループを作り、話し合わせてもよいです）
(4) 「テーマに対する自分の考えを書きなさい」

第四時

(1) シート③を配布する
(2) 「太一の心情が変化したのは何場面ですか」
(3) 「どのように変化したのか、枠に書きなさい」
(4) 「心情が変化した一文を書き抜きなさい」
(5) 「理由を（例）を参考に書きなさい」

第五時

(1) 「『海の命』で出てくる色を教科書から探して、○で囲みなさい」
(2) シート④を配布する。
(3) 「枠内に、色についてまとめなさい」
(4) 「一番重要な色について、考えを書きなさい」

第六時

(1) シート⑤を配布する
(2) 「クエと対峙した時、太一と父はそれぞれどうしたのか書きなさい」
(3) 「なぜ太一は、クエを殺さなかったのでしょう」
(4) 「『海の命』の伝えたいことを書きなさい」

「解答モデル（解答例）」

シート①

(1) 略
(2) 太一、父、仲間の漁師、与吉じいさ、瀬の主（クエ）、母
(3)

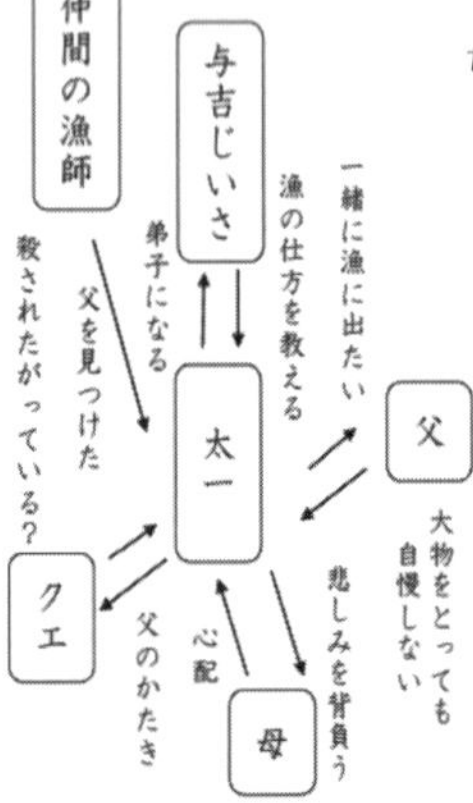

シート②

(1)
・父が死んでしまった太一は何を思っていたのだろう。
・太一は父が死んでしまった海が怖くなかったのか。
(2) なぜ太一は、無理やり与吉じいさの弟子になったのか。
(3) 私は、与吉じいさが父の次にすごい漁師であったからだと考える。なぜか。
第一に、二百三十五ページ三行目に「瀬に着くや、小イワシをつり針にかけて水に投げる」と書かれている。この文から、与吉じいさが長いこと漁をしており、技術があると考えた。

第二に、二百三十五ページ六行目に「五十センチもあるタイが上がってきた」と書かれている。この文から、たった一回でそれだけの大物を釣れるということは漁師としてすごい力をもっていると考えた。

第三に、二百三十六ページ二行目に「季節によって、タイがイサキになったりブリになったりした」と書かれている。つまり、どんな魚でさえ簡単に捕ってしまうほどの漁師であるということだ。

よって、私は、与吉じいさが父の次にすごい漁師であったからだと考えるのである。

シート③

(1) 第五場面
(2) 最初
・クエ（瀬の主）を殺そうと思っていた。
最後
・クエ（瀬の主）を殺そうと思わなくなった。
太一を変化させたもの（こと）
・自分に殺されたがっていると感じさせるほどクエが動かなかった。
(3) この大魚は自分に～思ったほどだった。水の中で太一は～あぶくを出した。「おとう、ここに～来ますから。」など

207ページに続く

海の命①

名前（　　　　）

登場人物と太一との関係について考えましょう。

(1) 言葉の意味調べをしましょう。うすい文字はなぞりましょう。

国語辞典

（例）引き潮	海面が低くなること。沖の方へ引いていく潮。

(2) 登場人物をすべて書きましょう。

(3) 登場人物が太一とどのように関わっているのか考え、相関図を作りましょう。うすい文字はなぞりましょう。

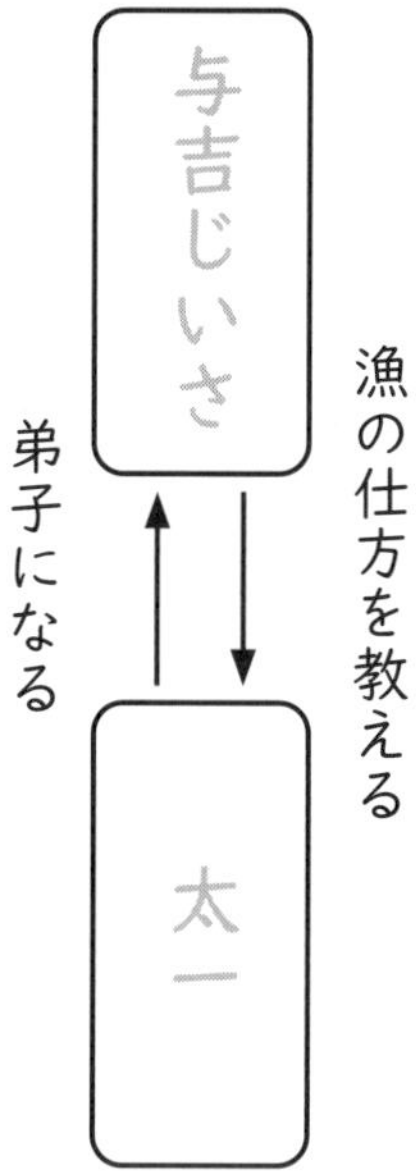

与吉じいさ
漁の仕方を教える
弟子になる
太一

主役の太一と他の登場人物がどのように関わっているのか考えて、相関図を作りましょう。

◎登場人物と太一との関係について考えることができました。

海の命②

名前（　　　）

テーマを決めて、話し合いをしましょう。

(1)『海の命』を読んで疑問に思ったことや話し合いたいことを考え、箇条書きしましょう。

(例)　なぜ太一は、無理やり与吉じいさの弟子になったのか。

(2)話し合うテーマを一つ決めましょう。

(3)テーマに対する考えを、(例)を参考に書きましょう。

(例)　私は、～だと考える。なぜか。
第一に、〇ページ〇行目に～と書かれている。この文から、～と考えた。
第二に、〇ページ〇行目に～と書かれている。この文から、～と考えた。
第三に、〇ページ〇行目に～と書かれている。つまり、～ということだ。
よって、私は、～だと考えるのである。

(4)グループやクラス全体で話し合いましょう。

海の命③

名前（　　　）

クライマックスについて考えましょう。

(1) 太一のクエに対する心情が変化したのは第何場面ですか。

第　　場面

クライマックスとは、話が一番盛り上がるところです。太一のクエに対する心情が変化した場面と文を考えてみましょう。

(2) 太一の心情はどのように変化したでしょうか。

最初

最後

太一を変化させたもの（こと）

(3) 心情が変化した一文を書き抜きましょう。

(4) (3)のように考えた理由を（例）を参考に書きましょう。

（例）私は、太一のクエに対する心情が変化した一文は「～（(3)で書いた文を書く）」だと考える。なぜか。

第一に、○ページ○行目に～と書かれている。つまり、～だ。

（以下、第二に、～、第三に、～　と続けて書く）

よって、太一のクエに対する心情が変化した一文は「～（(3)で書いた文を書く）」だと考えるのである。

(5) グループやクラス全体で話し合いましょう。

海の命④

名前（　　　　）

『海の命』で使われている「色」について考えましょう。

(1) 『海の命』の中で使われている「色」について、表にまとめましょう。うすい文字はなぞりましょう。

もの	色
クエの目	光る緑色

『海の命』では様々な色が使われています。色が何に使われ、どんなイメージをもたせているのか考えてみましょう。

(2) 『海の命』の中で、一番重要な色は何でしょうか。(例)を参考に書きましょう。

(例) 私は、『海の命』の中で、一番重要な色は、～だと考える。なぜか。
第一に～（理由を書く）からだ。～（その理由について、くわしく書く）。
（以下、第二に、～、第三に、～　と続けて書く）
よって、私は、『海の命』の中で、一番重要な色は、～だと考えるのである。

(3) グループやクラス全体で話し合いましょう。

海の命⑤

名前（　　　　　）

『海の命』が伝えたいことを考えましょう。

(1) クエと出会った時、太一の父と太一はそれぞれどうしましたか。

太一の父

太一

(2) なぜ太一はクエを殺さなかったのでしょうか。

(3) 『海の命』が伝えたいことは何でしょうか。

(4) (3)のように考えた理由と、それに対する自分の考えを（例）を参考に書きましょう。

（例）私は、『海の命』が伝えたいことは〜であると考える。なぜなら、〜だからだ。私は、この伝えたいことに対して、〜だと考えた。これから〜いきたいと思う。

設問(1)(2)だけでなく、シート②③④も振り返り、「伝えたいこと」を考えてみましょう。

こえを　あわせて　よもう

なまえ（　　　　）

「いちねんせいの　うた」をよんで、みわさんは、つぎのようにいっています。

どんな　ようすで　あおい　そらの　こくばんに
もじを　かいたのだろう。

めあて　ようすを　かんがえながら　おんどく　しよう。

(1)てんきは　なんですか。

(2)あおい　そらの　こくばんに　どんな　もじを　かいたので　しょう。

(3)どんな　ようすで「一」と　かいたのでしょう。ただしい　ほうに　まるを　つけましょう。

	げんきな　ようすで　かいた。
	よわよわしい　ようすで　かいた。

(4)なぜ(3)のように　かんがえたのか　はなしあいましょう。

(5)ようすが　つたわるように　おんどく　しましょう。

(6)あなたは、あおい　そらの　こくばんに　どんな　もじ　や　ことばを　かきたいですか。

なりきって　よもう

なまえ（　　　　）

「かたつむりの　ゆめ」「おいわいい」をよんで、みわさんは、つぎのように　いっています。

よんでいて　おもしろいね。ぼくも　きにいった
しを　みつけよう。

めあて　ことばの　まとまりに　きをつけて　よみましょう。
また、おきにいりの　しを　みつけましょう。

(1)かたつむりのゆめ」「おいわいい」を　よみましょう。

(2)ししゅう　などから　おきにいりの　しを
さがして　かきましょう。

よむ　はやさを　かえたり、
うごきを　つけたりして
よんで　みましょう。

だいめい

さくしゃ

たんぽぽ

まど・みちお

名前（　　　）

詩《し》をよんで、みわさんは、つぎのように　いっています。

ちょうちょうと　たんぽぽが　出てくるね。「うふんと　わらった。」とき、たんぽぽは　どんな気もちだったのかな。

めあて　たんぽぽの　気もちを　そうぞうしながら、音どく　しよう。

(1) まぶしいのは、だれですか。

(2) ひまわりさんの　子は、だれですか。

(3) お日さまの　まごは、だれですか。

(4) 「うふんと　わらった。」とき、たんぽぽは、どんな気もちだったでしょうか。

(5) たんぽぽの　気もちを　そうぞうしながら、音どくしましょう。

(6) ノートに、詩を　かきうつしましょう。

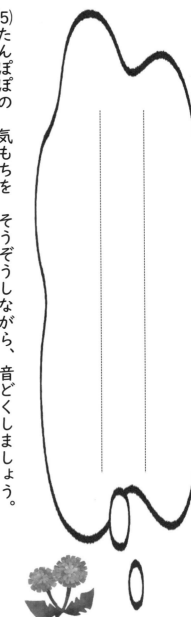

雨のうた

つるみ まさお

名前（　　　　）

詩《し》をよんで、みわさんは、つぎのように いっています。

雨が、いろいろなことばで あらわされているね。ようすが つたわるように、音読しよう。それと、わたしだったら、どんな「雨のうた」をつくれるかな。

めあて　雨のようすをそうぞうしながら、音読しよう。じぶんだけの「雨のうた」をかんがえよう。

(1) 詩をよんで、おもったことや、かんがえたことを、かきこみましょう。

(2) 「やねで　とんとん　やねのうた」とは、どんなようすの雨なのでしょうか。

(3) ほかの「雨のうた」も　どんな雨のようすなのか、グループで話しあいましょう。

(4) 雨のようすをそうぞうしながら、音読しましょう。

(5) 雨は、ほかに　どんなうたを　うたうでしょうか。(れい)をさんこうに、かきましょう。

(れい)
うみと　いっしょに　うみのうた。
うみで　ざぶざぶ　うみのうた。
むしと　いっしょに　むしのうた。
むしで　ぱたぱた　むしのうた。

赤とんぼ

まど・みちお

詩《し》をよんで、みわさんは、つぎのように いっています。

詩を読んで、いろいろなけしきが 頭にうかんできました。みなさんは、どんなけしきを そうぞうしましたか。

名前（　　　）

めあて　けしきを　そうぞうしながら、音読しよう。

(1) 詩をよんで、思ったことや、考えたことを、かきましょう。

(2) ゆうびんのマークとは、なんのことですか。

(3) 作しゃに、(2)でこたえたものは、見えていますか。見えていませんか。どちらかに、まるをつけましょう。

見えている。／見えていない。

(4) 「金色の空」とは、朝、昼、夕方、夜の いつでしょうか。

(5) けしきを そうぞうしながら、音読しましょう。

(6) ノートに、詩を かきうつしましょう。

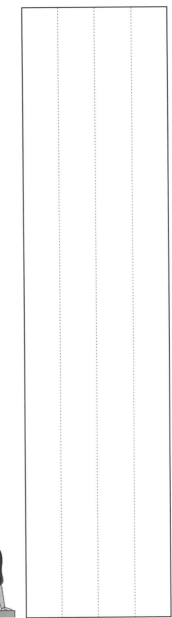

ねこのこ　おとのはなびら　はんたいことば

名前（　　　　）

(1) 三つの詩《し》を読んで、思ったことやかんじたことを　書きこみましょう。
また、話し合いましょう。

(例) ねこのようすが、いろいろなことばで　あらわされている。
おとのかだんって、どんなかだんだろう。
いろいろな　はんたいことばがあるんだな。

こうりゅうして、みわさんは　つぎのように　言っています。

いろいろなことばがつかわれて、ひょうげんされているのが、おもしろいね。これまで読んだ詩や、新しく読んだ詩から、お気に入りの詩を見つけて、カードに書こう。

めあて　お気に入りの詩を見つけて、詩のカードをつくろう。

詩

名前（　　　　）

気に入っているところ

見たこと、かんじたこと

名前（　　　　）

(1) 二つの詩《し》を読んで、だいざいや　書きかたのよいところを　話し合いましょう。

こうりゅうして、みわさんは　つぎのように　言っています。

見たことや聞いたこと、思ったことやかんじたことを詩を書いて、みんなで読み合おう。

めあて　詩を書いて、読み合いましょう。

(2) 詩のだいざいになりそうなことを　いくつか書きましょう。

（れい）うんどうかいで走る前の、どきどきした気持《も》ち。
友だちとおにごっこをして、楽しかったこと。

(3) 詩を書きましょう。

だいめい

わかば

まど・みちお

名前（　　　）

詩を読んで、ともきくんは次のように言っています。

作者は、どんな気持ちをこめて、この詩を書いたのだろう。

めあて　作者が「わかば」の詩にこめた気持ちを考えながら、音読しよう。

(1) 詩をよんで、思ったことや、考えたことを、書きましょう。

(2)「わかば」から、どんな言葉をイメージしますか。

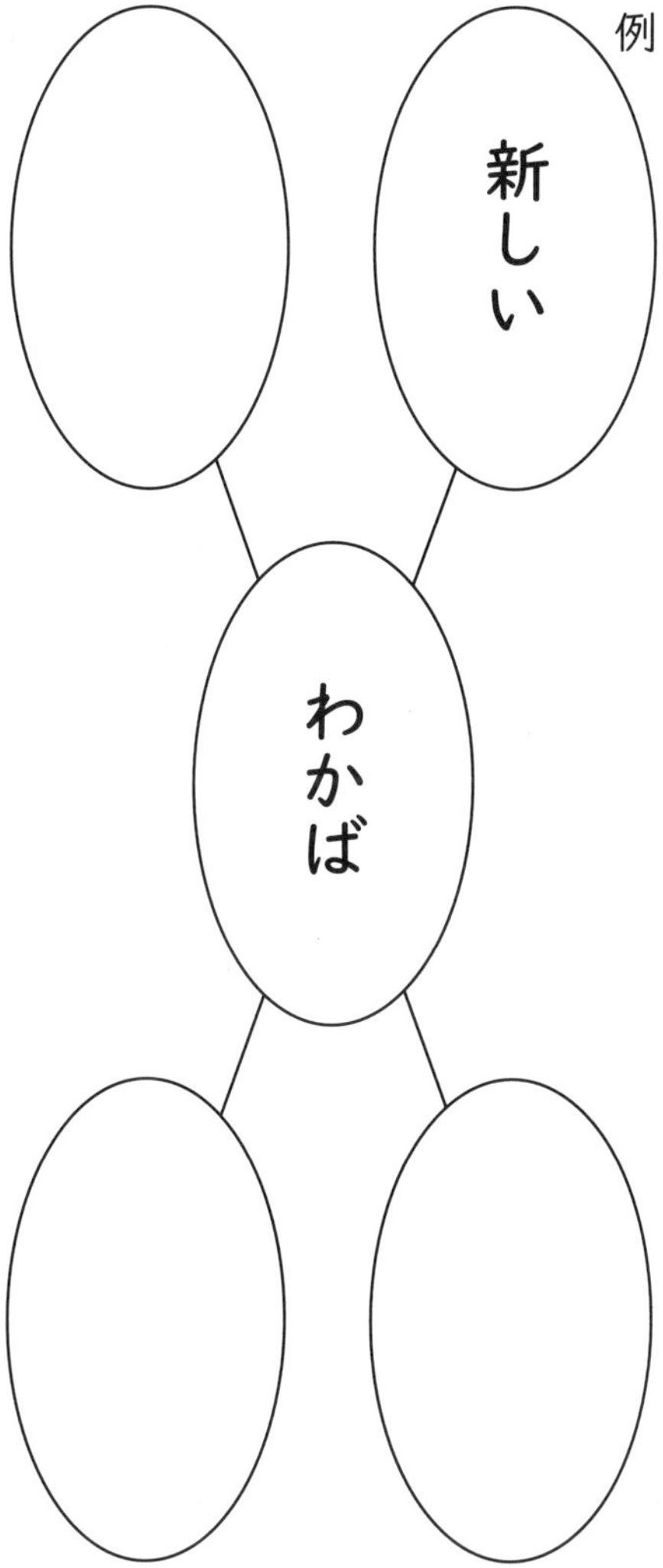

(3)「ぼくら子どもも　ほんとは　人間のわかば。」この文に、作者はどんな気持ちをこめたのでしょうか。

(4) 作者が「わかば」の詩にこめた気持ちを考えながら、音読しましょう。

詩を楽しもう

どきん

谷川 俊太郎
鎌田 光代 絵

名前（　　　　）

詩《し》を読んで、ともきくんは次のように言っています。

「つるつる」「えへへ」「かぜもふいてるよお」など、おもしろい言葉がたくさんあるね。読み方をくふうして音読しよう。

めあて　読み方をくふうしながら音読しよう。

(1) 詩を読んで、感じたことや考えたことを話し合いましょう。

(2) 音読のくふうを書きこみましょう。

「どきん」の詩をはってください。

次のような音読のくふうを書きこめるとよいですね。

①声の大きさや強さ
(例)・大きな声で読む。
・小さな声で読む。
・強く読む。
・弱く読む。

②間のとり方
(例)・間をあける。

③読む速さ
(例)・速く読む。
・ゆっくり読む。

(3) グループで発表《はっぴょう》して、くふうしたところをつたえ合いましょう。

わたしと小鳥とすずと

金子 みすゞ

詩を味わおう

名前（　　　　）

(1) 何連《れん》の詩ですか。

□ 連

詩を読んで、ともきくんは次のように言っています。

「わたし」は、「みんなちがって、みんないい。」という文に、どんな思いをこめたのだろう。

めあて 「連」に注目しながら読み、「わたし」の思いを想ぞうしながら音読しよう。

(2) 詩を読んで、考えたことを書きましょう。

(3) それぞれの連には、だれのことが書いてありますか。

一連	
二連	
三連	

一、二連では、二つをくらべながら「よさ」を書いていますね。

(4) それぞれのよいところは何でしょうか。

わたし	
小鳥	
すず	

(5) どうして、わたしは、「みんなちがって、みんないい。」と言っているのでしょうか。

(6) 一連、二連、三連はどのようなかん係になっているでしょうか。

(7) 「わたし」の思いを想ぞうしながら、音読しましょう。

夕日がせなかをおしてくる

名前（　　　　）

阪田　寛夫

(1) 何連《れん》の詩ですか。

□連

詩を読んで、ともきくんは次のように言っています。

「わたしと小鳥とすずと」では、「連」に注目して読み、作者の思いを想ぞうしました。この詩も「連」に注目して、読んでみよう。

めあて　「連」に注目して読み、二つの詩について気づいたことや考えたことを話し合いましょう。

(2) 詩を読んで、考えたことを書きましょう。

(3) それぞれの連で、だれが、どのように「さよなら」と言っていますか。

	だれが	どのように
一連		
二連		

(4) 連同しをくらべて、同じところやちがうところはなんでしょう。

同じところ	
ちがうところ	

(5) 連と連のかん係を考えながら、二つの詩を読み、気づいたことや考えたことを話し合いましょう。

詩のくふうを楽しもう

名前（　　　　）

詩を読んで、ともきくんは次のように言っています。

六つの詩は、それぞれ書き方や表げんのしかたをくふうしているね。見つけたくふうをいかして、詩を書いてみよう。

めあて　見つけたくふうをいかして、詩を書きましょう。

(1) 詩のくふうをさがして、書きこみましょう。

(2) 六つの詩の中から一つ選び、「おもしろい」と思うところをつたえ合いましょう。

(3) 見つけたくふうをいかして、詩を書きましょう。

題名

かがやき

羽曽部　忠

名前（　　　　）

(1) 何連の詩ですか。　□ 連

詩を読んで、ともきくんは次のように言っています。

詩を読んで、「作者は何を伝えたいのだろう」と、ぎ問に思いました。みなさんは、どう考えますか。

めあて　作者の伝えたいことを考えて音読しよう。

(2) 詩を読んで、考えたことを書きましょう。

(3) 時間は、「朝、昼、夕方、夜」のどれでしょうか。理由も書きましょう。

（　　　　）だと考えます。なぜなら、

(4) 何が「かがやいて」いるのですか。

(5) 作者が「かがやいてほしい」と考えているのは何でしょうか。

「雲がかがやいている。林の上で。」このような表げんぎ法を「とう置法」といいます。

(6) 作者の伝えたいことは何ですか。

(7) 作者の伝えたいことを考えて、音読しましょう。

(8) ノートに、詩を書き写しましょう。

春のうた

草野　心平

名前（　　　　）

(1)何連の詩ですか。

□連

詩を読んで、ともきくんは次のように言っています。

わたしは、詩を読んで、かえるが冬みんから目ざめて、よろこんでいる姿を想ぞうしました。あなたは、どんなことを想ぞうしましたか。

めあて　詩の様子を想ぞうしながら、音読をしよう。

(2)あなたが詩を読んで、想ぞうしたことを、かじょう書きしましょう。

(3)かえるに見えているものを書きましょう。

(4)くもは「雲」と「蜘蛛《くも》」のどちらでしょうか。理由も書きましょう。

（　　　　）だと考えます。なぜなら、

(5)様子を想ぞうしながら、音読をしましょう。

忘れもの

高田　敏子

名前（　　　）

(1)何連の詩ですか。

□連

詩を読んで、ともきくんは次のように言っています。

わたしは、詩を読んで、夏休みが終わって残念に思う作者の気持ちを想ぞうしました。みなさんは、どんなことを想ぞうしましたか。

めあて　「ぼく」の気持ちを想ぞうしながら音読しよう。

(2)詩を読んで、考えたことを、かじょう書きしましょう。

(3)この詩はいつの話ですか。理由も書きましょう。

いつ

理由

(4)さびしい気持ちを表す言葉にーを、前向きな気持ちを表す言葉に＝を引きましょう。

(5)作者は、夏休みにもう一度もどってきてほしいのでしょうか。もどってきてほしくないのでしょうか。理由も書きましょう。

（　　　　）と考えます。なぜなら、

(6)作者の気持ちを想ぞうしながら音読しましょう。

ぼくは川

阪田　寛夫

名前（　　　　）

(1) 何連の詩ですか。　□連

詩を読んで、ともきくんは次のように言っています。

「真っ赤な月にのたうったり」など、どく特な表げんがあるね。このような表げんには、「ぼく」のどんな思いがこめられているのだろう。

めあて　「ぼく」の思いを想ぞうしながら音読しよう。

(2) 次の言葉の意味を書きましょう。

うるおす	
ほとばしる	

(3) 詩を読んで、気になる表げんに線を引きましょう。

(4) (2)で線を引いたところには、「ぼく」のどんな思いがこめられているのでしょうか。考えたことを教科書に書きこみましょう。また、グループで話し合いましょう。

(5) 一連と二連では「ぼく」の思いにどんなちがいがありますか。

(6) 「ぼく」の思いが一番こめられている部分を書き写しましょう。

(7) 「ぼく」の思いを短い言葉で書きましょう。

(8) 「ぼく」の思いを想ぞうしながら音読しましょう。

はばたき

羽曽部　忠

名前（　　　　）

(1)何連の詩ですか。

□連

詩を読んで、ともきくんは次のように言っています。

「白鳥」「雪」「羽」などいろいろなものが書かれているね。作者にはどんなじょう景が見えているのかな。

めあて　じょう景を想ぞうして音読しよう。

(2)季節はいつですか。

□

(3)作者に見えているものを書きましょう。

(4)(3)で出された意見で、「おかしいな」と思うものを話し合いましょう。

(5)作者に、白鳥は見えていますか。見えていませんか。理由も書きましょう。

（　　　　）と考えます。なぜなら、

(6)ふわりふわりとまい下りてくるのは、何ですか。

(7)じょう景を想ぞうしながら音読しましょう。

自分だけの詩集をつくろう

名前（　　　　）

(1) 三つの「月」の詩を読んで、感じたことを教科書に書きこみましょう。また、話し合いましょう。

（例）「まんげつ」の詩は、「のん　のん　のん　のん」という表げんがおもしろい。
「月」の詩は、雲から少し出ている月が想ぞうできる。

感じたことを交流して、ともきくんは次のように言っています。

同じ「月」をテーマにした作品だけど、思いうかぶ「月」の様子はずいぶんちがうね。わたしも、テーマを決めて詩を集め、詩集を作ってみよう。

めあて　テーマを決めて詩を集め、詩集を作ろう。

名前（　　　　）

詩のテーマ

詩

銀河

羽曽部　忠

(1)何文の詩ですか。

　文

詩を読んで、ひろとくんは次のように言っています。

作者は、五年生になったわたしたちに、詩を通して何か伝えたいことがありそうだね。どんな願いをもって、この詩を書いたのだろう。

めあて　作者の願いを考えながら音読しよう。

(2)ぶつかり合い、重なり合っているものは、何ですか。

(3)河のように光っているものは、何ですか。

(4)牛乳をこぼしたように見えるのは、何ですか。

(5)「星たち」＝「〇たち」と考えたとき、どんな言葉が入りますか。

(6)作者は一文目にどんな願いをこめたのでしょうか。

(7)作者は二文目にどんな願いをこめたのでしょうか。

(8)作者の願いは何ですか。

(9)作者の伝えたいことを考えながら音読しましょう。

名前（　　）

かんがえるのって　おもしろい

谷川　俊太郎

名前（　　　　）

(1) 何連の詩ですか。

詩を読んで、ひろとくんは次のように言っています。

□連

作者は、どんな思いをこめて、この詩を書いたのだろう。作者の思いを想像しながら音読しよう。

めあて　作者の思いを想像しながら音読しよう。

(2) 詩を読んで、考えたことや感じたことを書きましょう。

(3) 第一連に作者はどんな思いをこめたのでしょうか。

(4) 第二連に作者はどんな思いをこめたのでしょうか。

(5) (3)(4)で答えたことに関わる経験を話し合いましょう。

(6) 作者は「かんがえるのって　おもしろい」という詩に、どんな思いをこめたのでしょうか。

(7) 思いを伝えるために音読するとき、どんな表現の工夫があるでしょうか。

（例）声の大きさを工夫する

(8) えがかれていることを想像しながら音読しましょう。

かぼちゃのつるが

原田　直友

名前（　　　　）

(1)何連の詩ですか。

□連

詩を読んで、ひろとくんは次のように言っています。

同じ言葉がくり返し書かれているね。どんな効果があるのだろう。そして、そのほかには、どんな表現の工夫があるのかな。

めあて　表現の工夫とその効果を考えながら音読しよう。

(2)くり返し出てくる言葉は、何ですか。

(3)言葉をくり返すことで、どんな効果があるでしょうか。

(4)言葉のくり返しのほかに、どんな表現の工夫があるでしょうか。書きこみましょう。また、その効果を話し合いましょう。

(5)「かぼちゃのつる」は何の例えでしょうか。

(6)作者は、この詩にどんな思いをこめたのでしょうか。

作者は詩を通して、自分の思いを伝えるために、様々な表現の工夫をしているのですね。

(7)表現の工夫とその効果を考えながら音読しましょう。

われは草なり

高見　順

名前（　　　　）

(1) 何連の詩ですか。　□連

詩を読んで、ひろとくんは次のように言っています。

「かぼちゃのつるが」と同じように、言葉がくり返し書かれているね。もう一度その効果を考えてみよう。そして、そのほかの表現の工夫も考えよう。

めあて　表現の工夫とその効果を考えながら音読しよう。

(2) くり返し出てくる言葉は、何ですか。

(3) 言葉をくり返すことで、どんな効果があるでしょうか。

(4) 言葉のくり返しのほかに、どんな表現の工夫があるでしょうか。書きこみましょう。また、その効果を話し合いましょう。

(5) 「草」は何を例えたものでしょうか。

作者は詩を通して、自分の思いを伝えるために、様々な表現の工夫をしているのですね。

(6) それぞれの連に、作者はどんな思いをこめたのでしょうか。

一連	
二連	
三連	
四連	

(7) 表現の工夫とその効果を考えながら音読しましょう。

好きな詩のよさを伝えよう

名前（　　　　）

(1) 詩を読んで、表現の工夫とその効果を教科書に書きこみましょう。また話し合いましょう。

(例) 土　「比ゆ」　読み手がイメージしやすい。
するめ　「省略」　読み手に情景を想像させている。

感じたことを交流して、ひろとくんは次のように言っています。

作者は、詩を通して自分の思いを伝えるために様々な表現の工夫をしているね。わたしも、お気に入りの詩を一つ決めて、表現の工夫を中心に、その良さをしょうかいしよう。また、どんな時に読んでほしいのか考えましょう。

めあて　表現の工夫を中心に、詩の良さを伝え合おう。

名前（　　　　）

詩

詩のしょうかい

創造

羽曽部　忠

名前（　　　　）

(1) 何連の詩ですか。　□連

詩を読んで、ひろとくんは次のように言っています。

一枚の紙やひとかたまりのねんどから、いろいろなものが生まれているね。この詩を通して、作者は私たちに何を伝えたかったのだろう。

めあて　主題を考えながら、音読しよう。

(2) 一枚の紙から、生まれるものはなんですか。

(3) (2)で書いたもの以外で、一枚の紙からどんなものが生まれると考えられますか。

(4) ひとかたまりのねんどから、生まれるものは何ですか。

(5) (4)で書いたもの以外で、ひとかたまりのねんどからどんなものが生まれると考えられますか。

(6) (2)～(5)で書いたものを生み出しているのは何ですか。

主題を考える時は、「人間は～」とか、「人生は～」などの書き出しで考えるとよいです。

(7) 詩の主題を書きましょう。

(8) 主題を考えながら音読しましょう。

準備

高階　杞一

名前（　　　　）

(1) 何連の詩ですか。

□ 連

詩を読んで、ひろとくんは次のように言っています。

この詩は、だれに向かって、何を呼びかけているのかな。伝わるように音読してみよう。

めあて　呼びかけていることが伝わるように、音読しよう。

(2) 詩を読んで、感じたことや思ったことなどを書きましょう。

(3) だれに向かって呼びかけているのでしょうか。

(4) 「飛び立っていくための」とあります。「空に飛んでいく」という意味ではなさそうです。「どこに飛び立っていくため」の準備なのでしょうか。

(4)で答えたことから、詩にこめた筆者の思いが伝わってきますね。

(5) 「飛び立っていくための」以外にも、筆者の思いがこめられているところを探しましょう。また、どんな思いがこめられているのか話し合いましょう。

(6) この詩は、何を呼びかけているのでしょうか。詩の中の言葉をなるべく使わずに書きましょう。

(7) 呼びかけていることが相手に伝わるように音読しましょう。

名前（　　　　　　　　　　）

せんねん　まんねん
まど・みちお

名づけられた葉
新川　和江

二つの詩を読んで、ひろとくんは次のように言っています。

「せんねん　まんねん」「名づけられた葉」どちらもおもしろい題名だね。表現の工夫を考えながら、題名にこめられた意味を考えよう。

めあて　表現の工夫を見つけて、題名にこめられた意味を考えよう。

(1) 詩を読んで気が付いたことや、考えたことを書きましょう。

「せんねん　まんねん」

「名づけられた葉」

(2) どんな表現の工夫がされているでしょうか。

(3) (2)で書いた表現の工夫の効果について、話し合いましょう。

(4) 筆者が、詩を通して伝えたいことは何でしょうか。詩の中の言葉をなるべく使わずに、書きましょう。

(5) 題名には、どのような意味がこめられているのでしょうか。

詩を朗読してしょうかいしよう

名前（　　　　）

(1) 三つの詩を読んで、感じたことを話し合いましょう。

（例）〈うぐいす〉空気がしんとして、落ち着いた朝の風景が想像できる。

(2) 作者の気持ちや詩の情景を想像して、朗読の工夫を書きこみましょう。

「速く読む」「ゆっくり読む」「間を開ける」「強く読む」「優しく読む」などの工夫があるね。

ひろとくんは次のように言っています。

言葉に注目すると、作者の気持ちや詩の情景が想像できるね。お気に入りの詩を一つ選んで、感じたことや考えたことが伝わるように、朗読してみよう。

めあて　お気に入りの詩を選び、朗読してしょうかいしよう。

題名（　　　　）

朗読の工夫を赤えんぴつで書きこみましょう。

感じたことや考えたこと

生きる

谷川 俊太郎

名前（　　　　）

(1) 何連の詩ですか。

□連

詩を読んで、ひろとくんは次のように言っています。

「ミニスカート」「プラネタリウム」いろいろなものが書かれているね。それぞれ、どんな意味がこめられているのだろう。そして、作者が伝えたいことは何だろう。

めあて　作者が考える「生きる」とは何か考えて、音読しよう。

(2) うすい文字をなぞって、象ちょうについて理解しましょう。

象徴・・・言葉のもつ別の意味。シンボル。

(例) はと→平和　7→幸運　赤→情熱

(3) 二連に書かれている次のものは、何を象ちょうしているのでしょうか。

ミニスカート	
プラネタリウム	
ヨハン・シュトラウス	
ピカソ	
アルプス	

ヨハン・シュトラウスは作曲家、ピカソは画家ですね。

(4) それぞれの連は、何を象ちょうしているのでしょうか。

一連	
二連	
三連	
四連	
五連	

(5) 作者の考える「生きる」とは何でしょうか。

(6) 「生きる」とは何かを考えながら音読しましょう。

スイミー

シート④

(1) **はじめ**　・まぐろからにげ出した。
さいご　・まぐろをおい出した。
スイミーをかえたもの（こと）
・スイミーとそっくりな小さな魚のきょうだいたちと出会ったこと。

(2) お話のはじめ、スイミーはまぐろからにげましたが、お話のさいごには、まぐろをおい出しました。スイミーは、スイミーとそっくりな小さな魚のきょうだいたちと出会ったことで、かわりました。

シート⑤

(1) 小さな魚のきょうだいたちと力を合わせて、まぐろをおい出す話。

(2) 小さな魚のきょうだいと一ぴきの大きな魚のふりをしたこと。

(3) 『スイミー』には、スイミー、小さな魚のきょうだいたち、まぐろなどが出てきます。
このお話は、スイミーが小さな魚のきょうだいたちと力を合わせて、大きな魚をおい出すお話です。

わたしは、『スイミー』を読んで、小さな魚のきょうだいたちと一ぴきの大きな魚のふりをしておよいでいるところがおもしろいと思いました。

みきのたからもの

シート③続き

(2) ・トランプのカードのような形
・マヨネーズのようきみたいな形
金属でできているかも
・見なれない生きもの　手がある
・青色の石ビー玉ぐらい
きらきらかがやいているかも

シート④

(1) 略

(2) （例）

	一	二	三	四	五
みき	何のカードだろう。よくわからないものを見つけて、ふしぎに思っている。	ナニヌネノンに話かけられておどろいた。びっくりしている。	ナニヌネノンを見おくってあげたい。石から出た音を、すてきだと思っている。	うちゅうひこうしになって、ポロロン星に行きたい。おわかれがさびしい。	ナニヌネノンとの出会いを大切にしたい。
ナニヌネノン		カードが見つかってよかった。これで、ポロロン星に帰れると、あんしんした気持ち。	見おくってもらえるのがうれしい。	みきにもう一度会いたい。おわかれがさびしい。	

シート⑤略

スーホの白い馬

シート③続き

白馬がにげ出す
①白馬がはね上がって、とのさまがころげおちた。
②家来たちが白馬をおいかけて、矢をはなった。
①今ならにげられるかもしれない。
②追いつかないからころしてしまえ。

白馬が帰ってくる
①スーホが白馬のところまでかけていった。
②スーホがはを食いしばりながら白馬の矢を抜いた。
①あの白馬が本当に帰ってきたのか。
②ひっしににげてきたんだね。しなないで。

馬頭琴を作る
①白馬が夢の中でスーホに楽器を作るようにお願いした。
②スーホが白馬の皮や骨で楽器を作った。
①わたしを楽器として、ずっとそばにいさせてください。
②これからもずっといっしょだよ。

シート④

(1) 略

(2) 三十七

(3) わたしは、『スーホの白い馬』のクライマックスは三十七だんらくだと考えます。
だい一に、スーホが白馬のゆめをみたからです。

だい二に、スーホは白馬のゆめを見て、楽器を作ろうと思ったからです。

だい三に、三十七だんらくより後ろのお話はとても明るい感じがするからです。

よって、わたしは、『スーホの白い馬』のクライマックスは三十七だんらくだと考えるのです。

シート⑤

(1) よいことだった。

(2) わたしは、白馬がスーホのもとに帰ってきたことはよいことだったと考えます。
だい一に、スーホは白馬のことを兄弟のように思っていたから、近くにいたいと考えていたと思うからです。

だい二に、「ずっとそばにいるからね」という白馬との約束をはたせると思ったからです。

だい三に、帰ってこなければ、白馬の夢を見ることができなかったからです。

よって、わたしは、白馬がスーホのもとに帰ってきたことはよいことだったと考えるのです。

(3) 略

春風をたどって

シート④

(1) 略

(2)

場面	一	二	三	四
「森」にたいする「ルウ」の気持ち	わくわくしない。つまらない	しらないばしょがあるのかな。なんのにおいだろう。	こんなにすてきなばしょがあるなんて、知らなかった。	もっとすてきなばしょがあるのかもしれない。
「花ばたけ」にたいする「ルウ」の気持ち			花ばたけに来ることができてよかった。しゃしんの海にそっくりだ。	きれいだったなあ。すてきなけしきだったなあ。

(3) 略

シート⑤

(1)（一）

はじめ：のんびり、おっとりしている。声をかけずらい。

きっかけ：いっしょに花ばたけを見たこと。

おわり：花ばたけを見つけられてすごい。いっしょにすてきなけしきをさがしに行きたい。

（二）

はじめ：ぜんぜんわくわくしない。

きっかけ：花ばたけを見たこと。

おわり：花ばたけのほかにも、すてきなけしきがあるかもしれない。

(2) 略

まいごのかぎ

シート④

命をふきこむ

(1) 鉛筆　作文や絵を書き出す
リコーダー　曲を演奏し出す
ボール　あたりをはね回る
やかん　氷を作る

(2) リコーダー

(3) リクエストした曲を演奏してくれる。歌うと合わせて伴奏してくれる。

シート⑤

(1) リコーダー　曲を演奏し出す

(2) 『まいごのかぎ』は、りいこがいろいろなところにかぎをさすことによって、ふしぎなことがおこる話です。たとえば、ベンチがのそのそと歩き出し、公園のまん中の日だまりにねそべり、ねいきを立てはじめます。わたしはこのかぎに、命をふきこむかぎという名前を付けました。

わたしがこのかぎを手に入れたら、リコーダーにさしたいです。

きっとリコーダーは、曲を演奏し出すと思います。

わたしは、こんなかぎがあったらいろいろなものにさして命をふきこんでみたいと思います。

ちいちゃんのかげおくり

シート④

(1)
・ちいちゃんが一人でかげおくりをしたところは、小さな公園になっている。
・お兄ちゃんやちいちゃんぐらいの子どもたちが、きらきらわらい声を上げて、遊んでいる。

(2) 戦争が終わり平和になったから

(3) 四　きらきらわらいだしました
五　きらきらわらい声を上げて

(4) 第五場面があることで、戦争が終わって平和になったことがわかる。平和になったことが書かれていることで、戦争の悲惨さがより伝わってくる。

シート⑤

(1) かなしい

(2) わたしは、『ちいちゃんのかげおくり』は、かなしい話だと考える。

なぜか。

第一に、戦争の悲惨さが物語から伝わってくるからだ。

第二に、ちいちゃんが戦争によって家族をなくしてしまっているからだ。

第三に、ちいちゃんも最後は死んでしまうからだ。

このような理由から、わたしは、『ちいちゃんのかげおくり』は、かなしい話だと考えるのである。

三年とうげ

シート④続き

『三年とうげ』は、おじいさんが三年とうげで何度も転び、長生きした話です。私が一番おもしろいと思ったところは、七十五ページ十行目から、七十五ページ十二行目の「もう、わしの病気はなおった。～わらいました。というところです。なぜなら、三年とうげで転んで病気になったおじいさんが、自分から何度も転んで元気になっているからです。

シート⑤

わたしがしょうかいするお話は、『ももたろう』です。ももから生まれたももたろうが、犬、さる、きじを連れておにをたいじしに行くお話です。

わたしが一番おもしろいと思ったところは、動物たちがきびだんごをもらうことで、ももたろうについて行くところです。三匹ともきびだんごをもらっただけで仲間になるなんて、不思議だとおもいました。

みなさんも、ぜひ読んでみてください。

モチモチの木

シート④

(1) シート②設問(2)と同じ

(2) わたしは、豆太は勇気のある子になれたと考える。
なぜか。

第一に、百二十八ページ七行目に「医者様をよばなくっちゃ。」と書かれている。つまり、勇気を出して行動したということだ。

第二に、百三十ページ六行目に「モチモチの木に、灯がついている。」と書かれている。

つまり、勇気がある子にした見えない灯が見られたということだ。

第三に、百三十二ページ十二行目に「おまえは、一人で、夜道を～」と書かれている。つまり、じさまも豆太が勇気のある子だと認めたということだ。

よって、わたしは、豆太は勇気のある子になれたと考えるのである

シート⑤

(1) 「ま、豆太、心配すんな。じさまは、じさまは、ちょっとはらがいてえだけだ。」

(2) まくら元で、くまみたいに体を丸めてうなっていたのは、じさまだった。ころりとたたみに転げると、歯を食いしばって、ますますすごくうなるだけだ。

(3) わたしは、じさまのはらいたは、うそだったと考える。なぜか。
第一に、モチモチの木に灯がともる晩に突然腹痛を起こすなど不自然だからだ。

第二に、医者様が焦っていないからだ。

第三に、翌日、じさまがすべて見透かしたような言葉を言っているからだ。

よって、わたしは、じさまのはらいたは、うそだったと考えるのである。

白いぼうし

シート④

主役　雅幸君
登場人物　おじいさん、小人
あなに落ちる
小人たちの世界
怪物だと思われて小人たちからこうげきされてしまう。
あるじけんをきっかけに、ヒーローになる。
あなに落ちる
やさしくなる

シート⑤

あるところに、雅幸君という男の子が住んでいました。雅幸君は、乱暴な性格で友達に意地悪をすることがありました。その度に、おじいさんから次のように言われました。

「やさしい人が一番よいのじゃよ。」

ある日、雅幸君が公園で遊んでいると、大きなあなを見つけました。雅幸君は、足をすべらせてあなに落ちてしまいました。落ちた先は、小人の住む世界でした。

小人たちは雅幸君のことを怪物だと思い、つかまえました。

次の日、大雨がふりました。雅幸君が目をさますと、小人たちが大さわぎ。何と、大雨で川の水があふれ、今にも小人たちが住む所へ水が流れてくるというのです。小人の長老が言いました。

「川の水を止めるには、大きな岩で道をふさぐしかない。でも、もう間に合わない。」

それを聞いた雅幸君は、大急ぎで立ち上がり、大きな岩を持って走り出しました。それを見た小人たちは、応援しました。雅幸君は見事に岩で道をふさぎ、小人たちを助けました。

ヒーローになった雅幸君でしたが、足をすべらせてあなに落ちてしまいました。するとそこは、もとの世界でした。その日から雅幸君は、みんなにやさしくなりました。

一つの花

シート④

(1) 略

(2) ゆみ子　もっとちょうだいという意味。
お母さん　あと一つだけあげるという意味。

(3) 貧しい世の中から幸せな世の中に変わったから。

(4) 私は、作者が「一つだけ」という言葉に平和になってほしいという思いをこめていると思います。なぜなら、最初は「一つだけ」で始まった話が、最後には「一つだけ」という言葉が出ずに、幸せになっているからです。

シート⑤

(1)

	ちいちゃんのかげおくり	一つの花
主役	ちいちゃん	ゆみ子
時代	戦争のころ	戦争のはげしかったころ
出来事	ちいちゃんが、お父さんにかげおくりを教えてもらうが、戦争ではなればなれになってしまい、死んでしまう。	「一つだけ」が口ぐせだったゆみ子が、戦争に行くお父さんから一輪のコスモスをもらう。
結末	子どもたちがわらい声を上げて遊んでいる。	ゆみ子とお母さんが幸せにくらしている。

(2) 『ちいちゃんのかげおくり』と『一つの花』を比べる。
まず、似ていることは三つある。一つ目は主役が小さな女の子ということだ。二つ目は、時代が戦争のころということだ。三つ目は、二つとも家ぞくとはなればなれになってしまうということだ。

次に、ちがうところは、一つある。『ちいちゃんのかげおくり』は、最後にちいちゃんが死んでしまうが、『一つの花』は、幸せにくらしていることだ。

わたしは、この二つの作品から、家族は大切だということを学んだ。

これから家族を大切にしていきたいと考える。

ごんぎつね

シート④

(1) **最初** いたずらをしてやろうという気持ち
最後 兵十にいたずらのつぐないをしようという気持ち
ごんをかえたもの 兵十のおっかあが死に、兵十の元気がなくなったこと

(2) 3場面（2場面の最後とも考えられるので、意見が分かれたら話し合い活動につなげましょう）

(3) わたしは、第3場面でごんの気持ちは変化したと考える。なぜか。
第一に、二十二ページ十三行目に「おれと同じ、ひとりぼっちの兵十か。」と書かれているからだ。つまり、ごんが兵十の気持ちを考えているということだ。

第二に、二十四ページ二行目に「ごんは、うなぎのつぐないに、まず一つ、いいことをしたと思いました。」と書かれているからだ。つまり、いたずらからつぐないに変わったということだ。

第三に、二十五ページ六行目に「次の日も、その次の日も、ごんは、くりを拾っては兵十のうちへ持ってきてやりました。」と書かれているからだ。つまり、ぬすみをせずに、自分で拾ってきたものを兵十の家へ持っていっているということだ。

よって、わたしは、3場面でごんの気持ちは変化したと考える。

シート⑤

(1) またいたずらをしにきたな。
(2) 一番目　うちの中　二番目　土間　三番目　くり
(3) いたずらをされたものがないか。
(4) 「おや。」と、兵十はびっくりして、ごんに目を落としました。
(5) 兵十はかけよってきました。
(6) ごんがまだ生きていることが分かるようにするため。

銀色の裏地

シート③続き

(2) 初めは、話しかけにくいと感じていたが、一緒にプレーパークに行き「銀色の裏地」という言葉を教えてもらったことにより、親しみを感じるようになった。
(3) いやなことがあっても、いいことは必ずあるということ。

シート④

(1)

印象的な表現	自分の経験と重ねて感じたこと
・二人と一人みたいだった。 ・二人の姿を見送るしかできなかった。 ・銀色の裏地	・クラスが分かれて友達との距離を感じたことがあるので、気持ちが分かる。 ・いやなことがあってもいいことはあるという考えに共感できる。

(2) 略

シート⑤

(1) 略
(2) 理緒は何がきっかけで、どのように心情が変化したのだろう。
(3) 高橋さんとプレーパークで空を見て、「銀色の裏地」という言葉を知ったことにより、新しい学校生活を受け入れ、前向きになった。

たずねびと

シート③

(1) **最初** 戦争についてあまり知らなかった。
最後 戦争について知り、平和の大切さを考え始めた。

(2) 第七場面　原爆供養塔でおばあさんからアヤの話を聞いたこと。

(3) 私は、綾の変化に一番えいきょうを与えたのは、第七場面の「原爆供養塔でおばあさんからアヤの話を聞いたこと。」だと考える。なぜか。
第一に、百二十四ページ七行目に「何十年も、だれにもむかえに来てもらえないなんて、どうしてなんですか。」と書かれている。つまり、戦争がもたらしたことについて、もっと知りたいと感じているということだ。

第二に、百二十五ページ六行目に「アヤちゃん、よかったねえ。もう一人のアヤちゃんがあなたに会いに来てくれたよ。」と書かれている。つまり、広島まで来たことに意味があったと感じているということだ。

第三に、百二十五ページ十四行目に「わたしははずかしくなって下を向いてしまった。」と書かれている。つまり、興味本位で広島に来たことが、おばあさんにとっては大きな意味を持つことを感じたということだ。

よって、綾の変化に一番えいきょうを与えたのは、第七場面の「原爆供養塔でおばあさんからアヤの話を聞いたこと。」なのである。

シート④

(1) 略
(2) 略
(3) 戦争の恐ろしさと平和の大切さ
(4) 私は、『たずねびと』の主題は、「戦争の恐ろしさと平和の大切さ」だと考える。
第一に、この物語は戦争を題材にしているからだ。

つまり、読者に戦争について考えてほしいという作者の願いが込められているということだ。

第二に、綾が物語を通して戦争について学んでいるからだ。つまり、読者は綾の視点に立って戦争について、少しずつ理解していけるようになっているということだ。

第三に、百二十六ページ十四行目から百二十七ページ二行目に「だけど、あの～かもしれない。」と書かれているからだ。つまり、戦争を二度と起こしてはならないという作者からのメッセージが綾のセリフに込められているということだ。

よって、『たずねびと』の主題は、「戦争の恐ろしさと平和の大切さ」なのである。

シート⑤

(1) 略

(2) わたしは「体験していないことが言葉で伝わるのか」というテーマに対し、心にひびく言葉を使えば伝わると考える。

まず、『たずねびと』を読んで、わたしは戦争はおそろしいものであると感じた。つまり、戦争を経験していなくても、話を聞いたり読んだりすることで伝わってきたということだ。

また、わたしは自分が行ったことのないところの話を聞いて、行ったような気持ちになったことがある。つまり、言葉によって想像をふくらませれば、伝わることもあるということだ。

よって、わたしは「体験していないことが言葉で伝わるのか」というテーマに対し、心にひびく言葉を使えば伝わると考えるのである。

大造じいさんとガン

シート③続き

四　らんまんとさいたスモモの花が、その羽にふれて、雪のように清らかに、はらはらと散りました。

また冬に残雪がもどってくることを、楽しみに感じている。

(2) 私が一番好きな情景をえがいた表現は、四場面の「らんまんとさいたスモモの花が、その羽にふれて、雪のように清らかに、はらはらと散りました。」という表現だ。なぜなら、大造じいさんが再び残雪と再会することを楽しみにする気持ちが伝わってくるからだ。

シート④

(1) 大造じいさんと残雪が知恵を尽くして戦ったこと

(2) 互いの駆け引きが面白いと感じたから

(3) 大造じいさんと残雪が知恵を尽くして戦った際の駆け引き

(4) この物語のみりょくは、大造じいさんと残雪が知恵を尽くして戦った際の駆け引きだと考える。

一番好きな情景をえがいた表現は、「らんまんとさいたスモモの花が、その羽にふれて、雪のように清らかに、はらはらと散りました。」だ。なぜなら、大造じいさんが再び残雪と再会することを楽しみにする気持ちが伝わってくるからだ。

この話を読んで、正々堂々と戦うことが大切だと思った。

シート⑤

(1) 略

(2) **最初**　残雪をたかが鳥だと思っている

最後　残雪を英雄と見ている

大造じいさんを変化させたもの（こと）

残雪が仲間を守るために戦う姿

(3) 仲間のために自分が大切だと思ったことを貫く

(4) 私は、『大造じいさんとガン』の主題は、「仲間のために自分が大切だと思ったことを貫くこと」だと考える。なぜなら、残雪が仲間のガンを助けるために自分の身を犠牲にして行動したことが大造じいさんの心を動かしているからだ。

(5) 略

帰り道

シート②

(1) 略

(2) 「**律**」

・物事をその場ですぐに決められないが、じっくり考える。

「**周也**」

・おしゃべりが好きで、どんなことでもテンポよく決めていく。

(3) 「**律**」

私は、律は、物事をその場ですぐに決められないが、じっくり考える人物だと考える。なぜか。

第一に、二十八ページ二行目に「『どっちかな。』とか、『どっちもかな。』とか、一人でごにょごにょ言っていたら」と書かれている。つまり、すぐに物事を決められないということだ。

第二に、二十九ページ三行目にその「『こんな』をうまく言葉にできたなら」と書かれている。つまり、好きな理由を言葉にできないだけで、それぞれ好きな理由をきちんともっているということだ。

第三に、二十九ページ八行目に「考えるほどに、みぞおちの辺りが重くなる。」と書かれている。つまり、一つの物事を深く考えているということだ。

よって、律は、物事をその場ですぐに決められないが、じっくり考える人物だと考えるのである。

シート③

(1) **すれ違うきっかけ**

・昼休みのどっちが好きという話。

元にもどるきっかけ

・天気雨が降って、いっしょに大笑いしたこと。

(2) 1 ざざっと水が降ってきて、何かを洗い流した。

2 「ぼく、晴れが好きだけど、たまには、雨も好きだ。ほんとに両方、好きなんだ。」

(3) 私は、二人の仲が元にもどった一文は「ざざっと水が降ってきて、何かを洗い流した。」だと考える。なぜか。

第一に、三十ページ十一行目に「何かを洗い流した。」と書かれている。つまり、今までの気持ちが雨のおかげですっきりしたということだ。

第二に、三十ページの十三行目に「みぞおちの異物が消えてきた。」と書かれている。つまり、周也に言われて気にしていたことが少しなくなって、いつもと同じような何でも話せる関係にもどったということだ。

第三に、三十二ページ四行目に「ぼく、晴れが好きだけど、たまには、雨も好きだ。」と書かれている。つまり、自分の思いをきちんと言葉にできるようになったということだ。

よって、二人の仲が元にもどった一文は「ざざっと水が降ってきて、何かを洗い流した。」だと考えるのである。

やまなし

シート⑤

(1)略

(2)かにの兄弟　日常、クラムボン　生と死、魚　自由
かわせみ　恐怖、やまなし　幸運・自然のめぐみ

(3)やまなしは、自分を犠牲（木から落ちる）にしてかにの親子に幸せを与えた。自己犠牲、他者のために生きるということが何より大切であるということを宮沢賢治は伝えたかったと考えるから。

(4)・生の中に死があり、死の中に生がある　・他者の幸せのために生きることが大切であること　・世の中は、怖いこともあるけれど、誰にでも幸運がおとずれるということ。

海の命

シート③続き

(4)私は、太一がクエに対する心情が変化した一文は「この大魚は自分に殺されたがっているのだと、太一は思ったほどだった。」だと考える。なぜか。

第一に、二百四十二ページ九行目に「こんな感情になったのは初めてだ。」と書かれている。つまり、今までとは違う感情が生まれたことが分かるからだ。

第二に、二百四十二ページ十三行目に「ふっとほほえみ」と書かれている。つまり、おだやかな気持ちに変化したのだ。

第三に、二百四十三ページ二行目に「おとう、ここにおられたのですか。また会いに来ますから。」と書かれている。つまり、瀬の主に会うことで海で死んでしまった父を思い出すことができる喜びの気持ちをもったということだ。

よって、太一のクエに対する心情が変化した一文は「この大魚は自分に殺されたがっているのだと、太一は思ったほどだった。」だと考えるのである。

シート④

(1)クエの目　光る緑色、光　金色、クエの目　青（青い宝石）、水面　銀色、クエの目　青、クエのひとみ　黒、クエのくちびる　灰色、あぶく　銀

(2)私は、『海の命』の中で、一番重要な色は青色だと考える。なぜか。

第一に、クライマックスの場面で太一が見つけた大魚の目が青色だからだ。クライマックスで出てきているので、大事な色だと考える。

第二に、目を見て太一はおだやかな気持ちになったからだ。心情が変化したきっかけの目だと考える。

第三に、父を殺したクエと違う目の色をしていたからだ。最初に出てきたクエの目の色は緑色だが後半の大魚は青色であり、大魚が悲しんでいることを表現していると考えるからだ。

よって、私は、『海の命』の中で、一番重要な色は青色だと考えるのである。

シート⑤

(1)太一の父
・捕らえようともりを体につきさした。
太一
・殺そうとしたが、やめた。

(2)海の命がクエ（大魚）だと思ったから。

(3)人は何があっても自然への感謝の気持ちをもって生きていくことが大切である。

(4)私は、『海の命』が伝えたいことは「人は何があっても自然への感謝の気持ちをもって生きていくことが大切である」だと考える。

なぜなら、物語の中で太一の父も与吉じいさも自然への感謝を表しているセリフがいくつもあり、このことを最後まで守った太一が物語の最後に幸せに暮らしているからだ。

私は、この伝えたいことに対して、その通りだと思う。人が決して忘れてはならないことだと考えた。これから私も、自然の恵みに感謝して生活していきたいと思う。

一年生

いちねんせいの　うた

(1)はれ
(2)一
(3)げんきな　ようすで　かいた。
(4)「ちからを　こめて」と書いてあるから。
(5)(6)略

なりきって　よもう

略

二年生

たんぽぽ

(1)たんぽぽ
(2)たんぽぽ
(3)たんぽぽ
(4)そう思ってもらえて、うれしいな。
お日さまのまごなんて、すてきだな。
(5)(6)略

雨のうた

(1)略
(2)屋根に雨があたって、跳ね返っている様子。
(3)(4)(5)略

赤とんぼ

(1)略
(2)赤とんぼ
(3)見えていない。
(4)夕方
(5)(6)略

ねこのこ　おとのはなびら

はんたいことば

略

見たこと、かんじたこと

略

三年生

わかば

(1)「晴れ晴れ」という言葉が繰り返されている。
春の詩。
(2)若々しい。これから成長する。さわやか。
(3)これから成長していってほしい。
元気に育ってほしい。
(4)略

どきん

略

わたしと小鳥とすずと

(1)三連
(2)（例）それぞれのよいところが書かれている。
(3)一連　わたしと小鳥
二連　わたしとすず
三連　わたしと小鳥とすず
(4)わたし　地面を速く走れる。
たくさん歌を知っている。
小鳥　空をとべる。
すず　きれいな音を出す。
(5)だれにでもよいところがあるから。
(6)一連、二連は二つのことを比べながら書いている。
一連、二連は違うことを書いているが、言いたいことは同じ。
三連は、一連、二連をまとめている。
(7)略

夕日がせなかをおしてくる

(1)二連
(2)一連と二連は似ている表現がある。
「さよなら」以降は一文字空いている。
(3)一連　夕日　でっかい声で
二連　ぼくら　負けずにどなる
(4)同じ　表現がほとんど同じ。
違う　声を出しているもの（人）
(5)「わたしと〜」は、一、二連で書いてある内容は違うが、言いたいことは同じで、三連でまとめている。
「夕日が〜」は一連、二連において、違う視点で書かれている。

詩のくふうを楽しもう

略

四年生

かがやき

(1)三連
(2)きれいな景色が想像できる。
山の中にいるのかもしれない。
(3)朝だと考えます。「太陽が山をはなれた。」と書いてあるので、太陽がのぼっていると考えられるからです。
(4)みんなのほほ
(5)人生　未来　将来
(6)これからの人生が輝いていってほしい。
(7)(8)略

春のうた

(1)五連
(2)かえるがよろこんでいる。
かえるが、冬眠から目覚めた。

(3)水、いぬのふぐり　おおきなくも
(4)蜘蛛だと考えます。大きな蜘蛛が、かえるの近くに動いてきていると考えられるからです。
(5)略

忘れもの

(1)四連
(2)夏休みを思い出している。
麦わら帽子など、夏休みに関わるものがいくつか書かれている。
(3)夏休み明け、始業式の日
夏休みに「もう一度もどってこないかな」と呼び掛けているから。
(4)略
(5)もどってきてほしくないと考えます。「空はまっさお」「あたらしい光と～」など、希望にあふれた言葉が書かれているからです。

ぼくは川

(1)二連
(2)ほどよい水分を与える。湿らせる。
いきおいよく飛び散る。
(3)(4)略
(5)一連は前に突き進んでいる感じがする。
二連は、困難に立ち向かっている感じがする。
(6)あたらしい日へほとばしる。
(7)決意　など
(8)略

はばたき

(1)一連
(2)冬
(3)雪　など
(4)略
(5)見えていないと考えます。「やってきた」と書かれているので、もう作者のそばを通り過ぎてしまった感じがするからです。
(6)雪
(7)略

自分だけの詩集をつくろう

略

五年生

銀河

(1)三文
(2)星たち
(3)銀河
(4)銀河、乳の道
(5)私たち　など
(6)ぶつかりあったり、意見が合わなかったりすること

もあるけれど、力を合わせることを大切にしてほしい。
(7)一つにまとまってほしい。
(8)対立するときもあるけれど、みんなで意見を出し合って、力を合わせていってほしい。
(9)略

かんがえるのっておもしろい

(1)二連
(2)リズムがよい、
学校のことを書いている。など
(3)未来に向かっていくことのすばらしさ。
(4)仲良くすることのすばらしさ。
(5)略
(6)みんなで学校を大切にしてほしい。
仲間を大切にして成長してほしい。
(7)間をとる。速さに緩急をつける。
(8)略

かぼちゃのつるが

(1)一連
(2)はい上がり　葉を広げ
(3)言葉を強調している。
(4)略
(5)子ども　人間　人生
(6)大きく成長していってほしい。
幸せをつかみとってほしい。
(7)略

われは草なり

(1)四連
(2)われは草なり　伸びんとす　伸びぬなり
緑なり　ああ生きる日の　生きんとす
(3)言葉を強調している。
作者の思いを強く伝える。
(4)略
(5)人　わたし　作者　など
(6)頑張れるときに、成長してほしい。
自分自身を受け入れ、大切にしてほしい。
生きていることは何より素晴らしい。
自分らしく生きていってほしい。
(7)略

好きな詩のよさを伝えよう

(1)略

六年生

創造

(1)三連
(2)船　飛行機（紙の船　紙飛行機）

(3)鶴　手裏剣　など
(4)象　つぼ
(5)恐竜　コップなど
(6)わたしたちの手
(7)人間は、様々な物を生み出すことができる。
(8)略

準備

(1)四連
(2)略
(3)こどもたち
(4)新しい世界にとびこんでいってほしい。
新しいことに挑戦してほしい。　など
(5)略
(6)新しい世界に一歩踏み出してほしい。
常に挑戦することが大切。　など
(7)略

せんねん　まんねん

名づけられた葉

(1)略
(2)一連と二連で同じ言葉が繰り返されている。
擬人法が使われている。　など
(3)言葉が繰り返されていることで、時代も繰り返されていることが伝わってくる。など
(4)時代は繰り返す。
命はつながっている。など
(5)長い時の中に私たちはいる。など
上段「せんねん　まんねん」
下段「名づけられた葉」

(1)略
(2)一連と二連が対比されている。
三連で倒置法が使われている。
葉を人にたとえている。など
(3)倒置が使われていることで、筆者が伝えたい言葉が強調されている。など
(4)自分自身の生き方を考えなくてはならない。
強く生きていかなければならない。など
(5)一人一人が大切な存在。
自分の生き方を考えてほしい。など

詩を朗読してしょうかいしよう

略

生きる

(1)五連
(2)略
(3)ミニスカート　おしゃれ
プラネタリウム　天体　科学
ヨハンシュトラウス　音楽
ピカソ　絵画
アルプス　自然
(4)一連　日常
二連　美しいもの
三連　感情
四連　地球　生活　現状
五連　愛情　生命
(5)何気ないこと　日常を大切にすること
(6)略

〈著者紹介〉

保坂雅幸（ほさか　まさゆき）

1980年　東京都生まれ
現在　武蔵野市立第一小学校　主幹教諭
TOSS立川教育サークル代表
TOSS青梅教育サークル所属

【共編著】
新道徳授業が10倍イキイキ！対話型ワークシート題材70―全単元評価語一覧付き
村野　聡／保坂雅幸　学芸みらい社

解答モデル（解答例）執筆者
1年　保坂雅幸
2年　田中悠貴
3年　植木和樹
4年　小島庸平
5年　植木和樹
6年　田中悠貴
詩ワーク　保坂雅幸
いずれも東京都公立小学校教員

増補新版　令和6年度教科書改訂対応版
光村新教材＋詩教材の時短授業実現
「物語＋詩」を深く読む新国語ワークシート

二〇二五年一月五日　初版発行

著　者　保坂雅幸
発行者　小島直人
発行所　株式会社　学芸みらい社
〒一六二-〇八三三
東京都新宿区箪笥町三一番　箪笥町SKビル三F
電話：〇三-五二二七-一二六六
HP：https://www.gakugeimirai.jp
E-mail：info@gakugeimirai.jp
印刷所・製本所　藤原印刷株式会社
企画　樋口雅子
装丁・本文組版　小沼孝至

ISBN978-4-86757-070-8 C3037